oekom

ClimatePartner°
klimaneutral
Verlag | ID: 128-50040-1010-1082

Dieses Buch wurde klimaneutral hergestellt. CO_2-Emissionen vermeiden, reduzieren, kompensieren – nach diesem Grundsatz handelt der oekom verlag. Unvermeidbare Emissionen kompensiert der Verlag durch Investitionen in ein Gold-Standard-Projekt. Mehr Informationen finden Sie unter www.oekom.de.

Bibliografische Information der Deutschen Nationalbibliothek:
Die Deutsche Nationalbibliothek verzeichnet diese Publikation in der Deutschen Nationalbibliografie; detaillierte bibliografische Daten sind im Internet unter http://dnb.d-nb.de abrufbar.

oekom verlag, Gesellschaft für ökologische Kommunikation mbH,
Waltherstraße 29, 80337 München

Umschlagentwurf: Sarah Schneider, oekom verlag
Umschlagabbildung: Bertram Weisshaar
Druck: Friedrich Pustet GmbH & Co. KG, Regensburg

Bildnachweise:
Seite 28: JEN Jülicher Entsorgungsgesellschaft für Nuklearanlagen
Seite 62: Andreas Schmitz
Seite 91: Screenshots aus Vergiftete Geschenke, Spiegel TV
Alle anderen Fotos: Bertram Weisshaar

Dieses Buch wurde auf 100%igem Recyclingpapier gedruckt.

FSC www.fsc.org RECYCLED Aus Recyclingmaterial FSC® C014889

ISBN 978-3-86581-827-0

Bertram Weisshaar

Denkweg

Ein (um)weltlicher Pilgerweg
quer durch das Land
von Aachen bis Zittau

Inhalt

Dank

Herzlich bedanken möchte ich mich für die erhaltene Unterstützung und Gastfreundschaft bei: Klaus Dosch, Aachener Stiftung Kathy Beys; Peter Gleißner, Stadtverwaltung Aachen; Franz-Josef Emunds, BUND Kreis Aachen; Harald Richter, Energeticon Alsdorf; Forschungszentrum Jülich; Anja Schlamann, Köln; Jürgen Wiebecke, Köln; Thorsten Merl, Wie leben wir, Köln; Ursula Günther, Initiative gegen Suedlink, Wolfhagen; Manfred Schaub, Energie 2000 e.V., Wolfhagen; Jana Schröder, Stadtwerke Wolfhagen; Andreas Schmitz und Marianne Schoppan, Kassel; Klaus Schaake, Kassel; Kommune Niederkaufungen; Kommune Waltershausen; Elisandra und Thomas Penndorf, Lebensgut Cobstädt; Rock'n'Stroll, Erfurt; Bertram Schiffers, IBA Thüringen; Nikolaus Huhn, Schlöben; Karen Weinert + Uwe Patzer, Dresden; Lucia Volk + Frank Eichler, Permahof Hohburkersdorf; Elke Otto, Wiebke Steudner, Stadt Zittau; Matthias Meene, Leipzig. Herzlichen Dank an Andrea Zeumer für die mentale Unterstützung und für das Korrekturlesen.

FÖRDERUNG

Das Projekt wurde gefördert durch die Kulturstiftung des Freistaates Sachsen.

Einen anderen Weg gestalten

Der Denkweg

Der Denkweg verläuft zwischen Aachen und Zittau. Er beschreibt eine Art des Gehens, die sich zwischen dem Fernwandern und dem Pilgern bewegt. Als (um)weltlicher Pilgerweg fokussiert er auf den ökologischen Fußabdruck und die Frage, wie sich dieser zeigt, im Diesseits, in der Landschaft und den Dörfern. Wer dem Weg folgt, durchschreitet Wanderparadiese, blickt aber auch auf einige Rückseiten unseres Lebensstils. Der Denkweg verknüpft „Orte der Erkenntnis“ und „Aussichtspunkte in die Zukunft“ mit einem zu ergehenden Querschnitt durch das Land. Während dem Immer-weiter-Gehen verbinden sich die ganz unmittelbaren, die schönen, aber auch die denk-würdigen Erlebnisse mit den ebenfalls voranschreitenden Gedanken. Mit diesem Gehen öffnet sich eine Tür, die noch einmal einen anderen, auch sinnlichen Zugang zu den Themen der Nachhaltigkeit ermöglicht. Nicht zuletzt weitet sich der Horizont, etwa zum Bild einer kritischen Landschaft.

Der Autor hat den Denkweg entworfen. In diesem Band beschreibt er die dahinterstehende Idee und zentrale Erlebnisse seiner erstmaligen Wanderung entlang des gesamten Weges. Die versammelten Fotos zeichnen ein Bild dieser Spur und von der Vielfalt der durchschrittenen Szenen.

Dieses Buch möchte die Idee des Denkweges vermitteln und nicht zuletzt auch Lust machen, diesen Weg einmal selbst zu gehen.

Die Ausgangsposition

Das Wandern wie auch das Pilgern erfreut sich großer Beliebtheit. Die Untersuchung *Freizeit- und Urlaubsmarkt Wandern 2010* kommt zu dem Ergebnis, dass in Deutschland jährlich insgesamt annähernd 390 Millionen Wanderungen zurückgelegt werden.[1] Und die *Wanderstudie 2014* berichtet, dass jeder dritte Bundesbürger gelegentlich oder regelmäßig wandert. Ein Prozent der Wandernden geben als Motivation religiöse oder spirituelle Gründe an. Hingegen möchte jeder Zehnte während des Wanderns über sich selbst nachdenken und zu sich selbst finden. Neue Eindrücke gewinnen will jeder Fünfte. Und sogar jeder Dritte versucht beim Wandern den

Kopf freizubekommen, und 75 % geben an, Natur erleben zu wollen (Was immer damit auch gemeint sein mag).[2]

Auch Pilgern hat eine erstaunliche Popularität (wieder)erlangt, insbesondere auf dem Camino Francés, dem letzten Abschnitt des Jakobsweges nach Santiago de Compostela. Waren es 1990 noch knapp 5000 Pilger, so erreichten 2014 mehr als 237.000 das Pilgerbüro in Santiago und ließen sich ihre Pilgerurkunde ausstellen. Doch bei Weitem nicht alle, sondern lediglich etwa 40 % der Pilger geben an, den Camino Francés allein aus religiöser Motivation zu absolvieren. Viele kommen dabei aus Deutschland; in den letzten sieben Jahren waren es stets über 30.000.[3] Nicht mitgezählt sind hierbei jene, die auf einem anderen Abschnitt des Jakobsweges oder auf anderen Pilgerwegen unterwegs sind. Bemerkenswert ist auch die „Aachener Heiligtumsfahrt", eine alle sieben Jahre stattfindende Pilgerwallfahrt, zu welcher 2014 etwa 125.000 Gläubige zum Aachener Dom kamen.

Die Idee

Der Denkweg formuliert die Idee zu einem neuen Fernwanderweg. Im Sinne eines um-weltlichen oder atheistischen Pilgerweges beschreibt dieser einen Querschnitt durch das Land. Dessen zentrales Thema ist der ökologische Fußabdruck und die Frage, wie sich dieser abbildet, im Diesseits, in der Landschaft, in den Dörfern, in den Städten. Im Kern verknüpft der Denkweg also das Wandern mit der Auseinandersetzung um Lebensstile und den daraus resultierenden Effekten – wodurch sich noch einmal ein neuer Zugang eröffnet zu den Bemühungen um eine nachhaltigere Lebenspraxis. Denn lange schon ist bekannt, dass allein die Verbreitung von (Umwelt-)Wissen nicht ausreichend wirkt, um Veränderungen im Alltag auch konkret auszulösen. Und wer kennt es nicht von sich selbst: Viel wissen wir darüber, was „man tun müsste", jedoch verharren wir allzu sehr im bisherigen Handeln. Damit eine Veränderung tatsächlich einsetzt, muss mehreres zusammenwirken: Zunächst ein deutlich empfundenes Unbehagen und eine verstandene Unzufriedenheit mit der jetzigen Situation, ergänzt durch eine positive Vorstellung einer möglichen Alternative, dem dann konkrete erste Schritte eines anderen Tuns folgen müssen.

Diese drei Faktoren kommen entlang des Denkweges zusammen. So finden sich entlang der Route zahlreiche „Orte der Erkenntnis“, welche die Unzufriedenheit mit der bestehenden Ordnung tendenziell verstärken. An den „Aussichtspunkten in die Zukunft“ zeigen praktische, gelebte Beispiele, wie es auch anders sein könnte. Und der notwendige erste Schritt wird mit dem zurückgelegten Weg bereits vollzogen: Im Sinne einer Passage verstärkt das mehrtägige Gehen die Motivation, das eigene Leben konsequenter auf eine nachhaltige Lebensweise auszurichten. Die unmittelbare und sinnliche Beobachtung, die beim Wandern erfahren wird, ergänzt durch die parallel stattfindende, geistige Beschäftigung und Reflexion, führt zu einer tiefer „eingesickerten“ Motivation, als dies vergleichsweise allein über Literatur und elektronische Medien erzielt wird. Die Idee des Denkweges gründet zudem auf der Überzeugung, dass unsere Fähigkeit zur eigenen, unmittelbaren, auch sinnlichen Beobachtung ein wichtiger und zugleich oft vernachlässigter Zugang ist zum Verständnis der Welt.

Wandern oder Pilgern?

Es heißt, die Inuit hätten etwa 50 verschiedene Begriffe für Schnee – und warum aber haben wir in unserer Sprache so wenige Begriffe für Wandern? Für das Gehen entlang dem Denkweg ist sowohl Wandern als auch Pilgern ein Stück weit ein passender, zuletzt aber doch nicht wirklich zutreffender Ausdruck. Es ist eher ein Gehen zwischen diesen beiden Fortbewegungen. So geht es dabei nicht vordringlich darum, allein nur Wanderparadiese und ausschließlich schöne Landschaften zu durchwandern. Viel mehr charakterisieren den Kern des Anliegens gerade jene aufgesuchten Phänomene, zu welchen Wanderwege gewöhnlich nicht hinführen. Der hierauf unvorbereitete Wanderer könnte also gelegentlich leicht irritiert sein. Ebenfalls will der Denkweg keiner besonderen religiösen Praxis zum Ausdruck verhelfen – er ist insofern also kein eigentlicher Pilgerweg. Oder anders, mit den Worten des Dalai Lama ausgedrückt: „Echte Veränderungen werden durch Taten, nicht durch Wünsche oder Gebete bewirkt. Wenn wir Gott sehen könnten, würde er vermutlich sagen: ‚Probleme? Ihr habt damit angefangen, ihr müsst sie lösen! Ich habe nicht diese Probleme, sondern mitfühlende Menschen geschaffen.'"[4] In diesem Sinne geht es bei diesem Weg nicht um religiöses, sondern um gesellschaftliches und politisches Bewusstsein – und dabei natürlich auch um ethische Reflexionen, womit dieses Gehen dann aber wieder dem Pilgern näher ist als dem Wandern.

Stärker jedoch als die Unterschiede sind die gemeinsamen Motive, sich für mehrere Tage zu Fuß auf einen Weg zu begeben: Da wäre zunächst die viele Menschen umtreibende Sorge um die Bewahrung der „Schöpfung". Oder da ist vielleicht auch eine Unzufriedenheit mit dem eigenen Leben, aus dem Eindruck heraus, selbst scheinbar unentrinnbar in dieser ökonomisierten und technisierten Welt verstrickt zu sein, wenn „man vielleicht merkt, welche Gewalt Erwartungen und Gewohnheiten über einen gewonnen haben."[5] Da liegt der Wunsch nahe, nach einfachem Unterwegssein, nach intensiver Landschaftserfahrung, Wind und Wetter und ureigene körperliche Bedürfnisse zu spüren, dabei Stille, Weite und Zivilisationsferne zu erleben, ebenso das Bedürfnis nach Selbstvergewisserung durch Spüren und Erweitern der eigenen körperlichen Grenzen, nach Selbstüberwindung, der Wunsch, sich fremden Situationen auszusetzen, sich vorübergehend frei zu fühlen von alltäglichen Rollen und Verpflichtungen – all das stellt sich auch auf dem Denkweg ein. Versprochen! Denn dazu bedarf es nicht notwendig eines besonders historischen, ausgeprägt religiösen oder zertifizierten Weges. Die wichtigste und beinahe einzige Voraussetzung für all diese Motive ist jene, dass man eben tatsächlich aufbricht und geht und geht und geht …, und hierbei das, was einem begegnet, für eine Auseinandersetzung mit sich selbst nutzt. Alles andere kommt dabei schon des Weges. Die historischen wie auch die neueren beschriebenen Wander- und Pilgerwege können allerdings Hilfestellungen bieten – sie können als „Verstärker" fungieren. Zentral ist jedoch die selbst herbeizuführende Ausnahmesituation: Das Wandern ermöglicht vorübergehend, einen anderen Lebensstil zu leben neben seinem eigentlichen Leben, das man nicht sogleich gänzlich aufgeben muss. Für den Zeitraum der Wanderung ist man nicht erreichbar für die sonst permanenten Verpflichtungen, Gewohnheiten und zu befolgenden Rollen, lebt nur mit dem, was in den eigenen Rucksack passt, und von dem, was einem unterwegs begegnet. Auch wenn die Rückkehr in die bestehenden Verhältnisse bereits programmiert ist – das Wandern bietet einen zeitlichen Rahmen, sich auf anderes einzulassen, bislang Unbekanntes auszuprobieren, um darüber einen Zugang und eine Idee zu finden, die eigenen bisherigen Verhältnisse nach der Rückkehr ein Stück weit zu verändern. Das Wandern über mehrere Tage birgt eine Chance, ganz in dem Sinne, wie dies Harald Walzer von der Stiftung Zukunftsfähigkeit in seinem Buch *Selbst denken* herausgestellt hat: „Erst wenn man den Einsprengseln anderer Wirklichkeitsdefinitionen und Weltverständnisse die Chance gibt, in Erscheinung zu treten, öffnet man Möglichkeitsräume."[6]

Der Denkweg lädt dazu ein, offen auf den Zustand unserer Lebenswelt zu fokussieren und zu reflektieren, wie es zu dem jetzigen Zustand kommen konnte. Der aufmerksame, auf den eigenen Beinen durch die Landschaft und die Umwelt wandelnde Blick führt in Kombination mit dem Wissen um die globalen Zusammenhänge beinahe zwangsläufig zur persönlichen Auseinandersetzung mit Lebensstilfragen. Wer in dieser Bewegung und Verfasstheit über eine Ethik des Genug und eine Vorstellung vom enkeltauglichen Leben nachdenkt, kommt auch ohne Religion aus. Ebenso sind Gurus oder Räucherstäbchen hierbei nicht nötig. Bereits das Gehen selbst ist eine Achtsamkeits-Übung: Wer bei einer längeren Wanderung nicht auf die Signale des eigenen Körpers achtet, hält nicht lange durch. Das Gehen über mehrere Tage hinweg und das zugleich darüber Nachdenken, warum die Welt so ist, wie sie einem konkret begegnet, kann selbst als eine spirituelle oder ebenso als eine philosophische Praxis aufgefasst werden. Denn entlang des langen Weges zeigen sich ganz unterschiedliche Welten und Phänomene – die aber doch alle als Teil des großen Ganzen erlebt werden, was wiederum das Denken zu dem Versuch anregt, die mitunter isoliert geführten Diskussionen zusammen zu führen. Durchaus: Diese hinterfragende Art des Wanderns hilft, das Bewusstsein zu steigern.

Ein recht einfaches Beispiel: Entlang der Route kann man fast täglich Tiere auf der Weide beobachten, von denen wiederum man selbst beachtet wird. Dieses gegenseitige Bemerken und aufeinander Reagieren bringt lebhaft in Erinnerung, dass Tiere ebenfalls empfindsame Wesen sind. Diese eigentliche Banalität ist jedoch alles andere als ein allgemein präsenter Gedanke in einer Zeit, in welcher die Hälfte der Menschheit in Städten und Metropolen lebt, mit einem Lebensalltag, in dem Tiere kaum noch physisch vorkommen. Verkürzt könnte man pointieren, der moderne Lebensstil reduziert das Wesen Tier zunehmend auf eine praktisch portionierte und abgepackte Fleischsorte. Verheimlicht und tunlichst nicht nachgefragt wird dabei, was für ein Leben jenes Wesen hatte, dessen Fleisch wir verzehren. Um solcherlei Fragen, Gedanken und Erinnerungen geht es beim Denkweg. Dieses Wechselspiel zwischen eigenem Beobachten und Nach-Denken über das Beobachtete und seine jeweils eigene Position hierzu führt das Wandern über das bloße Schauen hinaus. Mit den Worten der Philosophen: Es führt zu einem fragenderen Fragen. Dieser Weg verspricht also keinen ungetrübten Erholungs-Urlaub, wie ihn „Wanderparadiese" oft anpreisen. Auch verbindet sich mit diesem Weg kein Zugehen auf ein Jenseits, sondern ganz im Gegenteil: Er fokussiert auf das Leben im Jetzt und auf dieser konkreten Erde. Die Bewegung ist somit nur halb-wandern oder halb-pilgern; sie gleicht eher einer forschenden Inspektionsreise – Spaziergangsforschung wäre ein passender Begriff.

Im Wechsel: Schönheit und Schrecken

Der Denkweg führt mit Absicht durch sehr unterschiedliche Landstriche, schöne wie auch weniger schöne – und auch durch solche, die wir vielleicht (noch) gar nicht einzuordnen wissen. Im Ergebnis wechseln die Empfindungen entlang des Denkweges zwischen Schönheit und Schrecken. Überwiegen sollen die schönen Wandererlebnisse, wozu die Route immer wieder auch Abschnitten von bekannten Fernwanderwegen folgt: etwa dem Rothaarsteig, dem Rennsteig, dem Urwaldpfad, dem Grimmsteig oder auch dem Malerweg durch das Elbsandsteingebirge. Auf diesen Etappen kann man zur Ruhe kommen, vom Alltag abschalten, den Kopf freibekommen, sich leer laufen. Doch es braucht im Wechselspiel hierzu – in kunstvoller Dosierung – auch die Anregungen und die Nadelstiche durch die Konfrontation mit den „Weißen Flecken", den Rückseiten unseres Lebensstils, die ansonsten zumeist ausgeblendet werden. Aus der Begegnung mit diesen Orten und Räumen erwachsen wichtige Denk-Impulse wie auch Fragen, denen man weiter nachgehen möchte.

Orte der Erkenntnis

Wanderwege und auch die religiösen Pilgerwege thematisieren wenig solche Orte: Braunkohlengruben und Kraftwerke, Abraum- und Salz-Halden, monotone Forste und ausgeräumte Feldfluren, oder auch den Ort eines stillgelegten Atomreaktors. Doch dies sind „Orte der Erkenntnis": Sie konfrontieren uns mit den sogenannten „Nebenfolgen" unserer Lebensweise, die wir zumeist ausblenden oder verdrängen, gerne vergessen. Die direkte Begegnung mit diesen „Phänomenen" erschließt eine spezielle Art von Wissen – „Spazierwissen". Dieses basiert insbesondere auf der Erfahrung der räumlichen Dimensionen des selbst inspizierten Ortes. Hinzu kommen die en passant gewonnenen Eindrücke zu dessen Nachbarschaft; also solche Informationen wie: Über was für Wege erreicht man den Ort? Harmoniert das besuchte Objekt mit der Nachbarschaft oder bildet es einen Fremdkörper?. Hierbei handelt es sich um Kategorien, die durch Literatur und Medien nur ansatzweise vermittelt werden können. Das eigene Aufsuchen führt also zu einer spezifischen Erweiterung des bereits mitgebrachten Wissens, um diejenigen Wissens-Aspekte, die nur über einen solchen Weg gewonnen werden können; etwa beim Besteigen einer 250 Meter hohen Salzhalde, dem Abschreiten eines Braunkohlentagebaurandes oder beim Überqueren einer über 30 Jahre hinweg aufgeschütteten Abraumhalde. Das sich hierbei angeeignete Wissen lässt sich nicht in Zahlen und Formeln fassen. Es ist zudem beeinflusst von Zufällen und lässt sich auch nur schwer mit Worten ausdrücken – es ist aber keinesfalls nichtssagend, hingegen ist es uns ganz nah und unmittelbar. Immer wieder allerdings stößt der Wanderer auch auf nicht (legal) überwindbare Grenzen: „Betreten für Unbefugte verboten". Auch diese Begegnungen können etwas auslösen; es ist dann eher ein Gefühl von erfahrenem Ausgeschlossen-Sein, auch ein Stück weit Ohnmacht. All diese Situationen gelten selten als Sehens-Würdigkeiten, sind aber in jedem Fall herausragende Denk-Würdigkeiten: Wer solchen Phänomenen, beispielsweise einer Raffinerie, mit offenen Sinnen gegenübersteht, wird bemerken, dass hier etwas nicht zum Besten ist, dass an der real existierenden „Normalität des Alltags" etwas eben nicht normal ist. Die jetzige Ordnung und Lebensweise kritisch zu überdenken – dazu treiben solche Begegnungen an.

Aussichtspunkte in die Zukunft

Wenn wir unseren Lebensstil verändern wollen in Richtung mehr Nachhaltigkeit, brauchen wir hierfür positive, nachahmenswerte Beispiele – Geschichten des Gelingens. Hierzu noch einmal Harald Welzer: „Veränderung geschieht nicht vor dem Hintergrund von Katastrophenszenerien; sie benötigen ein positives Ziel, und zwar eins, das mit der eigenen Identität und mit der Person, die man sein möchte, in Verbindung gebracht werden kann. Niemand rettet etwas abstrakt, sondern immer nur konkret: Es muss benennbar und erfahrbar sein, wofür man sich einzusetzen bereit ist.“[7] Entlang des Denkweges finden sich gelebte Beispiele für eine andere Lebenspraxis. Gesucht wird dabei nicht die eine, große Lösung, die für alle Menschen und an allen Orten gleichermaßen gültig wäre, die alle Probleme zugleich beseitigen könnte – denn so etwas kann es bekanntlich gar nicht geben. Aber es finden sich Orte des Lernens, des Suchens, des praktischen Ausprobierens – Aussichtspunkte in die Zukunft. Wirkliche Sehenswürdigkeiten! Der Besuch solcher Projektorte ist anregend und motivierend. Dies weckt die Lust, bei der Rückkehr nach Hause selbst mit der Umsetzung der ein oder anderen Idee nun auch endlich zu beginnen.

Ein Netzwerk

Wer immer möchte, kann dem Denkweg folgen. Jetzt sofort. Der Autor ist im Sommer 2015 der entworfenen Route bereits einmal durchgehend gefolgt, von Aachen nach Zittau, über 1200 Kilometer. Es geht also. Auf der Internetseite denkweg.net finden sich Hinweise zu den Orten und zur Route. Damit fällt es schon einmal leichter.

Zugleich ist der Denkweg aber auch eine Idee zu einem Netzwerk, das noch weiter geknüpft werden möchte. Mit diesem Buch verbindet sich in diesem Sinne auch die Absicht, weitere Menschen für diese Idee und für ein solches Netzwerk entlang des entworfenen Weges zu begeistern.

www.denkweg.net

„Sieh nur, wie viele Dinge die Athener zum Leben brauchen! (...) Wie zahlreich sind doch die Dinge, derer ich nicht bedarf." Sokrates (um 469 v. Chr. – 399 v. Chr.)

„Unser Leben ist viel schwerer als das unserer Vorfahren, weil wir uns so viele Dinge anschaffen müssen, die uns das Leben erleichtern." Julius Cäsar (100 – 44 v. Chr.)

„Wir haben jetzt in unsern Haushaltungen Dinge, die wir für unentbehrlich halten, von denen man vor hundert Jahren noch gar nichts wußte, und sich, ohne sie, doch eben so wohl oder besser befand." Johann Gottfried Seume (1763 – 1810)

„schon die typographische auszeichnung der substantive zeigt, welchen stellenwert sie in unserem sprachsystem haben. sie werden groß geschrieben. das war nicht immer so. die übung kam im absolutismus auf, als es darum ging, den könig, den fürsten, die institution des staates auszuzeichnen (...) die verben verkümmerten. prozesse, verhaltensweisen, vorgänge, die dynamik der welt standen unter der beschwichtigung der sprachlichen vernachlässigung. (...) jetzt steht die welt voll von unrat und bürokratien. sachen stellt man in museen und begafft sie. (...) zu unserer fortbewegung stehen um unser haus immer mehr gegenstände herum, jetzt auch noch das segelboot, das klappfahrrad und das geländeauto. nur weil wir nicht mehr gehen, laufen, wandern, schlendern, spurten, springen oder bummeln können. es sind objekte, die wir benutzen, geräte.

ich schreibe substantive wieder klein, aber das reicht sicher nicht. man muss wohl wieder beginnen zu gehen." Otl Aicher (1922 – 1991)

Berichte vom Denkweg

Der erste Schritt: Der Entschluss

Es gibt Tage, da habe ich viele Ideen. Und manch eine davon setzt sich fest im Kopf. So könnte das auch mit der Idee zu dem Denkweg gewesen sein. Doch wie auch immer, die Idee ist nun einmal da und sie hält mich fest. Aber woher soll ich wissen, ob diese Idee auch eine gute Idee ist? Oft erweist sich dies ja erst viel später, im Nachhinein. Ich kann aber nicht andere Leute dazu bewegen, zu Fuß einmal das Land zu durchqueren, so lange nicht hinlänglich geklärt ist, ob dies auch eine brauchbare Idee ist. Also muss ich das zuerst herausbekommen, eben indem ich diese Wanderung zunächst einmal selbst unternehme. Im Grunde genommen ist es eine denkbar einfache Methode: Ich gehe einmal quer durch das Land zur Überprüfung einer Idee. Dabei wird es sich dann schon zeigen, inwieweit es einen Mehrwert bedeutet, besondere Orte zu Fuß aufzusuchen, entlang eines Querschnitts durch das Land, anstatt über die betreffenden Orte und Themen eben weitere Bücher zu lesen oder sich mittels Radio, Fernsehen und Internet zu informieren. Dies ist also die Hypothese, die am Anfang dieser Wanderreise steht.

Bereits während meiner Tour will ich von meinen Erfahrungen, Eindrücken und Erlebnissen auf der Website denkweg.net berichten. Von vornherein will ich dabei aber nicht über das Wetter oder mein körperliches Befinden schreiben – mit solchen Schilderungen wurden schon mehr als ausreichend Buchseiten bedruckt. Wie sich zeigen wird, ermöglichen auch hier Ausnahmen die Regel. Auch über Hunde will ich von Anfang an nichts schreiben, selbst wenn mir in manchen Stunden Menschen ausschließlich als Herrchen oder Frauchen mit Hund begegnen. Erst recht will ich nicht einen zu schweren Rucksack mitnehmen und dies dann literarisch ausbreiten. So kann ich hierzu nur schreiben: Mit weniger als acht Kilogramm Gewicht wird mir mein Rucksack an keinem Tag eine Last. Ich will damit nicht prahlen, lediglich sagen: Wandern ohne Leiden ist auch möglich. Und das ist auch eine gute Geschichte. Los geht's.

Indeland

17.07. | **Düren.** Bei meiner Zugfahrt nach Aachen mache ich zunächst einen Abstecher ins „Indeland". Ich bin verabredet mit Klaus Dosch von der Aachener Stiftung Kathy Beys. Er bot mir an, ab Düren mich in seinem Auto nach Aachen zu fahren und mir unterwegs einiges zu zeigen. Auf kurzem Wege fahren wir zu dem Aussichtspunkt des Tagebaus Inden. Vom Parkplatz aus geht es zunächst einige Meter eine leichte Böschung nach oben und noch bevor man es sieht, ist es sehr deutlich zu hören: das Loch. Da liegt es, ausgefüllt mit diesem Sound der Maschinen. Vierundzwanzig Stunden mal sieben Tage mal zweiundfünfzig Wochen jährlich. Fünfzehn Jahre wird dieser Sound noch zu hören sein. Anschließend wird man Maschinen hören, welche die Ränder des Lochs als Ufer gestalten. Und dann, vielleicht 2050, wird man Badende hören. Ursprünglich gab es den Plan, das Restloch mit Abraum der anderen Tagebaue zu verfüllen, später erst kam die Entscheidung zu einem See. Wasser lässt sich leichter

einfüllen als Abraum und vor allem ist Wasser ein besserer Sehnsuchtsträger. Schon jetzt spricht man bei dem neu ausgewiesenen Baugebiet von dem „See-Quartier“. Und erste Ausflugsattraktionen sind bereits entstanden. Wir fahren hinauf auf die alte Abraumhalde neben dem Loch, zum „Indemann“, einer 36 Meter hohen Aussichtsplattform. Das „architektonische Wahrzeichen“ ist nachts illuminiert und dabei doch eher eine „Fernschönheit“ – je näher man kommt, umso weniger überzeugt die Gestaltung. Aber das Ding funktioniert. Der Parkplatz ist gut belegt. Die Gastronomie mit zahlreichen Freisitzen, der Mini-Golf-Platz und der Fußball-Golf-Parcours scheinen gut besucht. So geht „Naherholungszentrum“. Und schon kommt ein Bus angefahren mit einer Gruppe Jugendlicher, die im Laufschritt den Indemann hinaufsteigen. Dessen Aussichtsplattform ist ein wortwörtlicher Aussichtspunkt in die Zukunft. In Gedanken zieht man die zukünftige Uferlinie über die heutigen Äcker. Bis dahin wird sich das Land also in den nächsten vierzig Jahren markant verändern und von hier oben kann man zuschauen. Dabei aber entpuppt sich dieser Turm als Denkfalle: Auch jenseits dieser Linie wird sich die Welt verändern, ebenso markant. Doch diese Veränderungen sind von dem Turm herunter weit weniger zu erkennen. Überhaupt sollte man den kommenden Veränderungen nicht nur distanziert zuschauen. Eben dies ist das Anliegen der Aachener Stiftung Kathy Beys. Seit über 25 Jahren engagiert sie sich in der Region mit beispielhaften Projekten und motiviert die Menschen, die Zukunft selbst mitzugestalten und nicht in der Haltung des Zuschauers oder Mitläufers zu verbleiben. Auch den Umformungsprozess des Tagebaus Inden II begleitet die Stiftung seit über zehn Jahren. Mit vier alternativ beschriebenen „Rückblicken“ aus dem Jahr 2050, wie sich die Region bis dahin entwickelt „hatte“, ließ sie beispielsweise Entscheidungsoptionen deutlich werden. Eben nicht: Geht seinen Gang. In einer schön gestalteten Publikation sind die unterschiedlichen Szenarien nachzulesen. Ein besonderes Vergnügen wird es sein, diese Broschüre im Jahr 2050 zu lesen.

Herzlichen Dank an Klaus Dosch für diese Annäherung an den Ausgangspunkt des Denkwegs. Und ab morgen werde ich nur noch gehen. Denn so wie es schon Peter Handke schrieb: „In all den Fahrzeugen gibt es keinen Aufbruch, keine Ortsveränderung, kein Gefühl einer Ankunft. [...] An den Orten, zu denen ich gefahren wurde, bin ich nie gewesen.“

Forster Linde

18.07. | **Aachen, ehemalige Grenzstation Köpfchen.** Herr Gleißner begrüßt mich mit einem herzlichen „Ich bin Peter". Er will mir die Kopfbuchen entlang dem Landgraben und auch zwei dreihundertjährige Eichen zeigen, auf dem Weg zu der 700-jährigen „Forster Linde". Zuerst allerdings stoßen wir auf Relikte des Westwalls des „Tausendjährigen Reichs". Rasch erreichen wir den alten Grenzweg, der im fünfzehnten Jahrhundert dicht mit Buchen bepflanzt wurde. Über Jahrhunderte wurden diese Buchen regelmäßig zurückgeschnitten, wodurch die immer wieder nachwachsenden Stockausschläge sich zu einer dichten Grenzbefestigung verwuchsen. Etwa Anfang des zwanzigsten Jahrhunderts wurde diese Kultur aufgegeben – und die Buchen wuchsen weiter. Längst haben sie einen Stammdurchmesser erreicht, ab welchem sie nicht mehr auf den Stock gesetzt werden können, will man sie nicht fällen.

An kaum erkennbarer Stelle verlässt Peter den Weg, ich folge ihm durchs Dickicht in den Wald. Und da stehen sie, mit mächtigem Stamm, aber mit nur lichter Krone. Peter erklärt mir: „In einem gewissen Alter bekommen die Eichen eine Krise. Dann werfen sie einen großen Teil ihrer Krone ab und treiben dafür neue Seitenäste aus. Hundert Jahre später geht es ihnen dann wieder gut." Viele alte abgefallene Äste und auch junge Seitentriebe kann man erkennen. Allerdings werde ich in hundert Jahren nicht noch einmal vorbeikommen. Peter führt mich noch durch ein nahes Waldstück, in dem eine naturnahe Methode der Waldverjüngung erprobt wird. Die jungen Buchen stehen derart dicht, dass ein Vorankommen schier unmöglich ist. Es leuchtet mir sofort ein, warum die Römer angeblich die tiefen germanischen Wälder verflucht haben sollen.

Schließlich erreichen wir im Aachener Stadtteil Forst die alte Linde. Eingefasst von einem schmiedeeisernen, wehrhaften Zaun steht hier dieser Baum mit seinen unzähligen Gesichtern. Wie alt er ist, lässt sich nicht genau bestimmen. Peter schätzt ihn auf ungefähr 700 Jahre. Der Gartenkünstler Pückler-Muskau schätzte die Forster Linde im Jahr 1852 bereits auf mehr als 800 Jahre. Danach wäre die Linde nun annähernd tausend Jahre alt. „Was sind dreihundert Jahre für eine Linde – für ein lebendes Wesen? Was ist Zeit? Und wie oft wohl die Währung gewechselt wurde,

seit die Linde hier steht?“, sind so Gedanken, die mir in den Sinn kommen. Von den Tausenden Blüten der Forster Linde lege ich mir eine als Souvenir in mein Notizbüchlein. (Foto S. 17) So unscheinbar war auch dieser Baum an seinem Anfang. Er ist ein idealer Startpunkt für diese Wanderung entlang dem Denkweg.

Ich bedanke mich bei Peter und der Linde für die heutige Begegnung, verabschiede mich bei beiden und mache mich auf in Richtung Stadtzentrum.

Aachener Dom

18.07. | **Aachener Dom.** Im Domhof umarmt mich Andrea, meine Partnerin. Sie begleitet mich während der ersten Woche. Zusammen nehmen wir an einer Domführung teil. Es ist bereits die vierte Tour an diesem Tag für die Dame, die uns einige Hintergründe des Bauwerks vermittelt. Für mich ist es das erste Mal, dass ich mich für Reliquien interessiere. Genau genommen nicht für die Reliquien selbst, sondern für den Kult, den die Katholiken darum gestaltet haben: Der Geschichte nach erhielt Karl der Große vier bedeutende Reliquien um das Jahr 800 n. Chr. als Geschenk aus Jerusalem. Dabei soll es sich um das Kleid Marias handeln aus der Nacht, in der Jesus geboren wurde, ferner die sogenannten Windeln Jesu, dazu das Tuch, in das man den Kopf des heiligen Johannes des Täufers nach der Enthauptung legte, sowie das Lendentuch Jesu, das er am Kreuz getragen haben soll. Aufbewahrt werden die alten Stoffe im vergoldeten Marienschrein, der nur im Rahmen von Domführungen aus der Nähe betrachtet werden kann. Während des Rundgangs ist zu erfahren, dass der Aachener Dom im vierzehnten Jahrhundert stark an Bedeutung einbüßte: Der Dom hatte damals den Status als Krönungskirche verloren. Die Königs- und Kaiserkrönungen erfolgten ab 1356 in Frankfurt am Main, was für Aachen einen enormen wirtschaftlichen Verlust bedeutete. So ist es wohl kein Zufall, dass sieben Jahre zuvor die „Heiligtumsfahrt" eingeführt wurde, während derer für zehn Tage die alten Stoffe öffentlich gezeigt werden – erstmals etwa 550 Jahre nachdem diese in Aachen eingetroffen waren. Und seither pilgern alle sieben Jahre viele Tausende zur Heiligtumsfahrt nach Aachen, bei welcher noch heute die besagten Reliquien

im Zentrum der Zeremonien stehen. Zuletzt im Jahr 2014 waren es vielleicht 100.000 Menschen. Der entsprechenden Website ist zu entnehmen: „Für alle Pilger, die nach Aachen kommen, war und ist die Frage nach der Echtheit der Reliquien dabei nie von Bedeutung." Dies führt dann natürlich zu anderen Fragen: Verbirgt sich in der Heiligtumsfahrt vielleicht ein universales Modell, das sich auch auf die „Reliquien" unserer Zeit übertragen lässt? Was würde es für diese Gesellschaft bedeuten, wenn sie sich alle sieben Jahre ihre Hinterlassenschaften bewusst vor Augen führen würde? Zum Beispiel alle sieben Jahre eine Müllhalde besteigen? Oder alle sieben Jahre zu Tausenden in die atomaren Zwischenlager pilgern, damit diese Aufgabe, die in keine Legislaturperiode passt, von Politik und Gesellschaft nicht vergessen wird? Vielleicht entwickelt sich meine Wanderung ja auch noch zu einem Versuch, neue Zeremonien auf den Weg zu bringen oder über solche nachzudenken – ohne erst noch 550 Jahre abzuwarten.

Anna-Park & Energeticon

19.07. | Am Rande von **Aachen** treffen wir zusammen mit Franz-Josef Emundts. Er engagiert sich in der Regionalgruppe Kreis Aachen des BUND und begleitet uns auf der Etappe durch das Wurmtal und das Broichbachtal. Beide Täler sind ausgewiesene Landschaftsschutzgebiete und durchgängig mit Wanderwegen erschlossen. Zu Anfang ist es also eindeutig: Wir wandern durch Landschaft und diese ist schön. Lediglich an zwei Stellen der heutigen Etappe wird das nicht so eindeutig sein. Bei Schweilbach treffen wir auf die Kalkhalde Teuterhof. Auch dieses Areal ist mit Wegen erschlossen. Da es sich hier um ein künstlich erschaffenes Gebiet handelt, sind scheinbar besondere „Lesehilfen" nötig.

Zwei Strategien können wir finden, mittels derer hier Landschaft inszeniert wurde. Die eine ist Naturschutz. Parallel der Wanderwege wurden mittels alter Baumstämme und Gestrüpp durchgehende Barrieren errichtet, sodass das Verlassen der Wege unmöglich ist. An einigen ausgesuchten Stellen wurden ferner Stege und Aussichtsplattformen errichtet, die den Blick in das versperrte Gebiet wieder öffnen. Ergänzend klären

Informationstafeln darüber auf, dass hier seltene und besondere Arten vorkommen – und schon ist das wilde Gestrüpp in eine schützenswerte Landschaft verwandelt. Die andere Strategie ist Kunst. Entlang des Weges stoßen wir wiederholt auf eiförmige Steinskulpturen. Auch sie kennzeichnen das Areal als ein besonderes. Aus den Schilderungen von Herrn Emundts ist jedoch herauszuhören, dass diese Objekte in der Bevölkerung lediglich recht geteilte Zustimmung finden.

Schließlich erreichen wir am Rand der Stadt Alsdorf den „Anna-Park". Bis Ende der 1980er-Jahre war dieses Areal noch das ökonomische Herzstück von Alsdorf: Etwa 150 Jahre lang bestimmten hier die Zeche Anna und eine Kokerei das Geschehen. Doch 1985 kam das politische Aus, die Ankündigung des Endes der permanenten Subvention des Kohlebergbaus. Von den alten Zechen- und Kokerei-Gebäuden sind nur wenige übrig geblieben. Sie beherbergen heute das Museum „Energeticon". Dessen Geschäftsführer Harald Richter begrüßt uns und führt uns durch die Ausstellung. Neben der auch sinnlich sehr eindrücklichen Geschichtsdokumentation des vergangenen Steinkohlebergbaus zeigt das Energeticon insbesondere auch zukünftige Energietechniken und erneuerbare Energien. Die Energiewende wird hier also sehr anschaulich. Erstaunlich ist allerdings, dass die Atomenergie in der Ausstellung praktisch gar nicht thematisiert wird. Auch die Phase des Umbruchs, also die Ankündigung der Zechenschließung und die damit verbundene Krise der Stadt Alsdorf ist nur wenig aufbereitet – dabei erinnert Harald Richter die fünf Jahre nach 1985 als die kreativste Phase der Stadt Alsdorf. Möglicherweise ließen sich aus der Rückschau auf diesen Prozess aber hilfreiche Hinweise für künftige Umbrüche gewinnen?

Zum Anna-Park gehören auch die Halden der ehemaligen Zeche Anna. Wie damit zukünftig verfahren werden soll, ist noch in der Diskussion. Wir wollen einen eigenen Eindruck erhalten und steigen entlang der steilen, ehemaligen Bandtrassen auf den Gipfel des Noppenberges. Gestein aus über 900 Meter Tiefe liegt hier über 100 Meter hoch aufgetürmt. Die Ankunft auf dem Gipfel wird bestimmt durch die weite Aussicht und den heftigen Wind, dem man hier ungeschützt ausgesetzt ist. Auffällig ist auch die bereits von ganz allein entstandene Vegetation. (Foto Seite 156)

Doch was ist das nun für ein Ort? Wird hier Natur besonders erkennbar, die selbst einen solch extremen Standort in kurzer Zeit „wieder für sich zurückerobert"? Und muss dieser Berg nun als Naturschutzgebiet vor den Menschen geschützt werden? Oder steht man hier oben in der Umwelt, auf einem Mahnmal, das an das freigesetzte CO_2 und den Klimawandel erinnert? Der Gedanke ist wohl zutreffend, er wirkt hier oben aber doch irgendwie etwas bemüht und konstruiert. Alle sinnlichen Eindrücke sprechen für das andere Moment der Wahrnehmung: Dies ist Landschaft.

Forschungszentrum Jülich

21.07. | Das Forschungszentrum Jülich gleicht einer Blackbox. Mitten in einem Waldstück liegt es fast unsichtbar hinter gut gesicherten Zäunen. Errichtet ab 1957, beherbergt es auf einer Fläche von etwas mehr als zwei Quadratkilometern über zweihundert Gebäude. Etwa 5700 Menschen arbeiten hier – aber was und woran forschen sie? Gesellschafter des Forschungszentrums sind zu neunzig Prozent die Bundesrepublik und zu zehn Prozent das Land Nordrhein-Westfalen, doch Zutritt hat deswegen die Öffentlichkeit hier noch lange nicht. Auf Anfrage erhielten wir die Möglichkeit, uns einer Besuchergruppe anzuschließen, wozu ich Tage im voraus Personalien und Ausweisnummern mitteilen musste. Angekommen in der zentralen Besucheranmeldung müssen alle Gäste per Hand noch einmal ein Formular ausfüllen – die Computeranlage ist ausgefallen. Die meisten Besucher füllen die umständlichen Vordrucke falsch aus und reihen sich alsbald zu einer langen Warteschlange; das Personal verhält sich entsprechend wenig charmant. Schließlich startet die Besichtigungstour aber doch und per Bus wird eine Gruppe von etwa vierzig Personen über das weitläufige Areal gefahren. An einigen Stationen steigen wir aus, erhalten jeweils kurz die Gelegenheit zu einem Blick in eine Forschungseinrichtung. Noch am anschaulichsten ist das Projekt „Aufwind". Hier werden in Gewächshäusern besondere, Öl absondernde Mikroalgen kultiviert. Erforscht wird dabei, ob diese Algen eventuell für die Herstellung von Erdöl und Kerosin genutzt werden könnten. Hinter den matten Scheiben der Gewächshäuser verbirgt sich also ein Blick in die Zukunft. Es gibt viele solcher „versteckten Aussichtspunkte" in diesem Areal. Mit besonderem Stolz führt man uns in das Foyer von JUQUEEN – „Europas Königin der Rechner". Durch ein Schaufenster hindurch blicken wir auf mehrere große, schwarze Kästen. Diese zusammen bilden also die Nummer sieben der fünfhundert größten Computer weltweit (Stand Juni 2013). Im Foyer steht auch eine Art Globus. Dieser soll in Verbindung mit dem Supercomputer die Simulation des Klimawandels verbildlichen – zurzeit ist dieser Globus jedoch leider außer Betrieb. Insgesamt ist das Forschungszentrum bereits deutlich in die Jahre gekommen. Für über achtzigtausend Quadratmeter Nutzfläche wurde dringender Sanierungsbedarf ermittelt. Manches hat auch seine ursprüngliche Nutzung längst verloren, so etwa der 1967 in Betrieb genommene Atomversuchsreaktor AVR Jülich:

Dieser Kugelhaufen-Forschungsreaktor wurde bereits 1988 stillgelegt. Seither wird der Reaktor rückgebaut, was einigen haarsträubenden Erkenntnissen ans Tageslicht verhalf. Beispielsweise ist der Boden unter dem Kernkraftwerk derart radioaktiv belastet, dass das Reaktorgebäude entgegen ursprünglichen Plänen komplett abgerissen und die Erde saniert werden muss. Rasch wurde klar, dass die hierfür vom ehemaligen Betreiber rückgestellte Summe von knapp vierzig Millionen DM keinesfalls ausreichen würde – und diese Aufgabe von der Allgemeinheit getragen werden muss. Inzwischen werden die Gesamtkosten für die Wiederherstellung der

Einfahrt des AVR-Reaktorkerns in das Zwischenlager am 23.05.2015

„grünen Wiese“ und die Entsorgung aller Materialien auf eine bis eineinhalb Milliarden Euro geschätzt. Gravierender noch als diese Kosten wiegen die Unregelmäßigkeiten und Störfälle, die während des Reaktorbetriebs regelmäßig verharmlost und erst nach und nach bekannt wurden. Einen wichtigen Beitrag zur Aufklärung leistete der ehemalige Mitarbeiter des Forschungszentrums Dr. Rainer Moormann. 2008 trat er mit einer kritischen Studie an die Öffentlichkeit, beschrieb darin die Risiken dieses Reaktortyps. Nach seiner Untersuchung waren die Betreiber des AVR-Kugelhaufenreaktors nur knapp an einer Katastrophe „vorbeigeschlittert“. Moormann verwandte sich gegen einen Export dieser Technologie, etwa nach Südafrika oder China, was ihm berufliche Nachteile einbrachte, wofür er dann auch mit dem „Whistleblowerpreis“ ausgezeichnet wurde. Rehabilitiert wurde er aber letztlich durch den Bericht einer unabhängigen Untersuchungskommission, die zahlreiche, teilweise gravierende Missstände rekonstruierte. Das Forschungszentrum Jülich hat inzwischen in einer öffentlichen Stellungnahme gravierende Fehler und Versäumnisse während des Reaktorbetriebs zugegeben und bedauert, dass die „Regeln guter wissenschaftlicher Praxis nicht immer eingehalten worden“ sind. Die unerträgliche Leichtigkeit des schönen Scheins – so könnte man die Geschichte dieses Atomreaktors auch überschreiben, die auch noch lange nicht abgeschlossen sein wird. Als ein weiteres Kapitel wurde im Mai 2015 der Reaktorkern in ein hierfür neu errichtetes Zwischenlager transportiert. Die Einfahrt zu dieser etwas größeren „Garage“ wurde anschließend

baulich verschlossen – und keiner weiß für wie lange, ob für viele Jahrzehnte oder gar Jahrhunderte.

Gerne hätte ich einen Blick in diese Box getan, was mir aber nicht möglich wird: „Es tut mir leid, dass ich Ihnen weder die Erlaubnis zur Besichtigung des Lagers noch für Film- oder Fotoaufnahmen geben kann“, teilte mir die Arbeitsgemeinschaft Versuchsreaktor einige Tage zuvor lapidar mit. Ganz ähnlich lautete auch die Antwort auf meine Anfrage zum Besuch des Solarturms in der unmittelbaren Nachbarschaft des Forschungszentrums: „Bitte haben Sie Verständnis dafür, dass [...] wir die Besuchsanfrage ablehnen müssen.“

Zum Ende der dreistündigen Besichtigung hat sich mein Bild etwas differenziert – das Forschungszentrum ist nicht *eine* Blackbox, sondern besteht aus vielen Boxen. Was bedeutet es nun also, einmal hier gewesen zu sein? Viel sehen und erkennen konnte ich bei der Tour leider nicht. Missen möchte ich den Besuch dennoch nicht. Insbesondere habe ich eine räumliche Vorstellung erhalten. Anstatt einer knapp bemessenen Bustour hätte ich mir gewünscht, mich frei zu Fuß durch das Areal bewegen zu können. Hierzu ist man als Besucher jedoch nicht befugt – etwas, was sich ändern könnte. Schließlich ist es doch die Allgemeinheit, die hier die Kosten trägt.

Sophienhöhe

22.07. | Wir starten in **Jülich** und erreichen gegen 10 Uhr den Fuß der Sophienhöhe. Von Weitem sieht dieser Berg aus, als wäre er ein ganz normaler; ist er aber nicht. Er wurde künstlich aufgeschüttet, 200 Meter hoch. 1978 wurde damit begonnen, Abraum aus dem Braunkohlentagebau Hambach hier aufzuschütten – und dieses Schütten dauert immer noch an. Schon bald wurde mit der Aufforstung erster Haldenabschnitte begonnen. An solch einem Ort sind wir angekommen und biegen nun ein in den nach oben führenden Waldweg. Augenblicklich werden wir umkreist von Dutzenden von Bremsen. Und auf dem Weg wimmelt es überall von Waldameisen. Sobald man auch nur wenige Sekunden stehen bleibt, lassen sich die Bremsen nieder und die Ameisen krabbeln die Schuhe und Beine nach oben. Ist das die Rache für die abgebaggerten Dörfer und die verbrannte Kohle? Aber ich glaub doch nicht an Fabeln oder verhexte Wälder! Nach etwa fünfzig bergauf gehetzten Minuten erreichen wir auf der Plateaufläche das „Höller Horn“. Dies ist eine rund 17 Hektar große, hügelige Fläche, auf welcher nur nährstoffarmer Sand, Kies und tonhaltige

Erde aufgebracht und auf eine Bepflanzung verzichtet wurde. Entsprechend spärlich ist die Vegetation und der Spuk mit den Bremsen und Ameisen hat endlich ein Ende. Hingegen gibt es eine hölzerne Landmarke mit Wetterfahne oben drauf, die an ein altes Seezeichen erinnert und diesem Bereich eine poetische Note verleiht. Ein schöner Ort für eine Rast. Im Vergleich zu den rekultivierten, in Reih und Glied aufgeforsteten Flächen ist dieser Bereich ästhetisch und sinnlich um vieles ansprechender. Warum gibt es nicht mehr hiervon? Diese Region könnte quadratkilometerweite Zonen mit solch außergewöhnlichen Szenerien haben – eine Landschaft, wie sie nur durch den Braunkohlebergbau erschaffen werden kann. Stattdessen sieht die Bergbaufolgelandschaft aber überwiegend möglichst normal aus, somit also langweilig. Das scheint durchaus beabsichtigt. Denn wenn durch die Rekultivierung der vorherige Eingriff wieder möglichst versteckt wird, fällt nicht auf, wie viele und wie große Flächen inzwischen durch die Bergleute umgedreht wurden.

Wir gehen weiter und erreichen bald den Bereich der Halde, der noch in Bearbeitung ist. Je weiter wir dem Haldenweg folgen, umso jünger ist die Vegetation – es ist fast so, als ob man die Zeitachse zurückgehen könnte. Und schließlich sehen wir den Absetzer am Ende des Förderbandes, wo der Abraum hinunterstürzt, erst Hügel und dann Berge aufeinanderschichtend. Die Stunde null der neuen Landschaft.

Es gibt einiges, was man entlang dieses Weges nicht sehen kann, worum man aber weiß – was wiederum den Blick verändert: Was aus den Augen entschwand, ist die Kohle, die verstromt und für unbekannte Zeiträume als CO_2 in die Atmosphäre entsorgt wurde. Verschwunden sind zahlreiche Siedlungen, die dem Bergbau im Weg waren. Vergessen ist auch, dass die „Voll-Elektrisierung" unserer Haushalte vor kaum hundert Jahren erst einsetzte. Und schon scheint eine Alternative zu dieser Gegenwart noch nicht einmal mehr denkbar.

Ein Tag & vier Kraftwerke

23.07. | Wir starten in **Elsdorf.** Diese Tagesetappe führt über etwa 24 Kilometer entlang einem „Panorama" aus vier Großkraftwerken: Niederaußen, Niederrath, Niederrath BOA und Frimmersdorf. Den ganzen Tag entlang sind sie präsent, bestimmen sie die Ausblicke. Schon die Tage zuvor, vom Indemann und vom Noppenberg aus, markierten sie den Horizont und die Orientierung. Und es scheint, als würden diese Kraftwerke mit den zugehörigen Tagebauen nicht nur das Landschaftsbild prägen, sondern in einem vergleichbaren Ausmaß auch die Politik, die Ökonomie, das Denken in der Region.

Wir gehen an diesem Tag inklusive Pausen etwa acht Stunden – absolvieren also etwa eine „Schicht". Dies weckt bei mir einige Fragen: Wie viele Kilowattstunden Strom wurden während dieser Schicht in den vier Kraftwerken zusammen erzeugt? Und wie viele Tonnen Braunkohle wurden hierfür verbrannt? Wie viele Mitarbeiter waren damit in den vier Kraftwerken und in den zugehörigen Tagebauen beschäftigt. Wie viel CO_2 wurde emittiert und wie viele Tonnen Asche mussten aus den Kraftwerken weggeschafft werden während dieser Schicht? Ich will es herausbekommen und stelle hierzu eine Rechercheanfrage an RWE.Power. Die Antwort ist denkbar lapidar: „Sehr geehrter Herr Weisshaar, danke für Ihre Anfrage. Leider habe ich keine Zeit, die gewünschten Zahlen zu recherchieren. Weiterhin guten Weg, mit freundlichen Grüßen Guido Steffen; RWE."

Raketenstation & Insel Hombroich

Am 25.07. erreichen wir die Insel Hombroich. Dies ist ein von Karl-Heinrich Müller (1936 – 2007) gegründetes Ensemble aus Landschaft, Architektur und Kunst. Vorgefunden hat er einen von Ausläufern der Erft umfassten, verwilderten Park mit historischem Baum- und Pflanzenbestand. Der Gartenarchitekt Bernhard Korte gestaltete mittels pflegender Eingriffe eine außergewöhnliche Park- und Auenlandschaft, die angereichert wird durch „begehbare Skulpturen" (entworfen von Erwin Heerich), offene Architekturen, in denen die Kunstsammlung des Stifters ausgestellt ist. Und das Projekt wächst. 1994 erwarb Müller auch die nahe gelegene, ehemalige Raketenstation, die damals seit vier Jahren aufgegeben war. Heute ist auch dieser einstige Ort des Kalten Krieges ein Teil des „Kulturraums Hombroich".

Geografisch liegt dieser Ort leider nicht so recht auf der Strecke Aachen–Zittau, doch thematisch liegt er „voll auf dieser Linie". Der Umweg muss sein. Von Grevenbroich aus folgen wir dem Lauf der Erft und gelangen so zur Insel. Halb überrascht, halb wissend, geraten wir durch Zufall irgendwie von hinten in die Parklandschaft. Dies ist eindeutig die bessere Art, sich diesem Gebiet zu nähern (vermutlich so aber nicht erwünscht). Hätte dieses Feld keine Grenze, würde man also einfach nur so hineinstolpern, wie man hie und da vielleicht auf eine Trinkhalle stößt, es wäre noch überzeugender. Doch auch hier ereignet sich die Kunst eben nicht in einem idealen Nirgendwo, sondern in einem konkreten Umfeld, versehen mit Öffnungszeiten, Eintrittsgeldern, Sturmwarnung und Zäunen. Es bleibt dennoch ein reicher Überfluss an Wirkung.

Hier bestimmt die Kunst derart den Mittelpunkt des Strebens, vergleichbar wie an den wichtigsten Heiligtumsstätten die jeweilige Religion im Zentrum steht. Daraus bezieht dieses Areal seine Kraft. Diese nicht zu verspüren, ist schlicht unmöglich, es sei denn, man wäre als empfindendes Wesen bereits vollständig abgestorben. Dieses Streben nun heute auf dem Areal einer vormaligen Raketenstation anzutreffen, ist etwas, was man als Zukunftsvorstellung vor vierzig Jahren noch der Aussicht auf ein Wunder gleichgestellt hätte. Damals, als man gegen die Aufrüstung, gegen die Pershings und den Overkill demonstrierte. Doch nun ist es da. Und man kann darin als Wanderer sogar übernachten, im „Kloster“. Von dessen Speiseraum blickt man durch eine Fensterwand hindurch in den Innenhof der

als geschlossenes Atrium gestalteten Architektur. Eine einzelne Eiche füllt diesen Raum. Vielleicht dreißig oder vierzig Jahre alt mag sie sein, gegenwärtig also etwa doppelt so alt wie das Gebäude selbst – doch immer noch 250 Jahre jünger als die beiden Eichen, die mir Peter in Aachen gezeigt hatte.

Einige Meter nebenan befindet sich der ebenfalls ringsum durch Mauern gefasste „Klostergarten". Dieser wird gepflegt von freiwilligen Helfern, die aus der näheren Umgebung, aber auch aus Köln, Düsseldorf, Neuss, sogar aus Münster kommen. Die Idee Kulturlandschaft Hombroich bringt Menschen zusammen, an diesem Ort, der vor einer halben Generation noch eine denkbar gegenteilige Bestimmung hatte. Die Kulturlandschaft Hombroich wurde zwar etwas abgelegen der urbanen Zentren, aber nicht in der Leere gegründet. Die Idee fiel auf ein vorgrundiertes Stückchen Erde, an welcher die Idee keimen konnte. Dabei ist es allerdings kein Ort für alle, keine Idee, die die ganze Gesellschaft einbezieht und mitdenkt. Er ist ein Labor und Rückzugsort für jene Gruppe von Menschen, die für die hier vorherrschenden Spektralfarben besonders empfänglich sind. Während dem einen ganzen Tag und den zwei Nächten, die ich hier verbringe, beschleicht mich einmal der Verdacht, ein paar wohldosierte Störungen und Herausforderungen könnten dem Ort durchaus guttun, damit er sich nicht in ein Abseits spielt. Wer weiß? Jedenfalls ist dies ein inspirierender Ort, von dessen Art wir weit mehr gebrauchen könnten.

ChemieParks & Raffinerien

Am 28.07. wandere ich von Dormagen aus nach Köln und am 30.07. gehe ich weiter nach Süden bis Wesseling. Bis ich dort die kleine Personenfähre über den Rhein erreiche, komme ich vorbei an mehreren „ChemieParks", Raffinerien und Öllagern. Köln ist damit umzingelt. Häufig sind die Anlagen hinter Grünstreifen versteckt. Gelegentlich führt auch eine öffentliche Straße oder Bahnlinie mitten hindurch (Chempark Dormagen). Und manchmal reichen Wohngebiete unmittelbar an die Chemiestandorte heran (Wesseling). Als „Unbefugter" kommt man nirgends nahe heran, bleibt meist in einer Distanz von hundert Metern und mehr. Eindrücklich ist es dennoch – und irritierend. Jede Situation hat den Anschein einer tagtäglichen Normalität. Und in der Tat produzieren die Werke auch alltäglich. Nicht wenige Standorte existieren bereits seit etwa hundert Jahren, waren also in der Perspektive der heutigen Bevölkerung „immer schon da". So gesehen sind sie Teil der örtlichen Geschichte, wie die Kirche im Dorf, die Tankstelle und die Autobahnauffahrt und anderes – normal. Liest man sich ein wenig ein in die Geschichte der Chemiewerke und Raffinerien, so scheint es auch „normal" zu sein, dass sich Havarien, Unfälle oder Brandkatastrophen eben irgendwann ereignen. Zwei Beispiele:

• Im März 2008 kam es auf dem Gelände der „INEOS Köln GmbH" zu einem Großbrand, der durch eine geplatzte Pipeline verursacht wurde. Das Feuer entzündete sich am Nachmittag und konnte erst mehrere Stunden später in der Nacht mit Löschschaum erstickt werden. Der Feuerschein konnte nach Einbruch der Dunkelheit kilometerweit am Nachthimmel beobachtet werden. Nach Angaben der Feuerwehren handelte es sich um den größten Einsatz im Kölner Raum seit dem Zweiten Weltkrieg. (Wikipedia)

• Nur vier Jahre später die nächste Katastrophe: Aus einer leckgeschlagenen unterirdischen Leitung in der Shell-Raffinerie in Wesseling bei Köln traten rund 1,2 Millionen Liter Kerosin aus und versickerten im Boden. Ein gigantischer „See aus Flugbenzin" entstand etwa sieben Meter unter der Erdoberfläche. Der angerichtete Schaden für die Umwelt ist immens: Das Grundwasser wurde kontaminiert. Die Umweltverbände fordern Shell auf, sämtliche Leitungstrassen gegen neue auszutauschen. Denn der

Großteil des Systems stammt aus der Zeit des Zweiten Weltkriegs. Das Rohr, aus dem die 1,2 Millionen Liter Kerosin ausliefen, wurde 1942 verlegt. „Diese uralten Leitungen sind tickende ökologische Zeitbomben“, sagt der Landesvorsitzende des Naturschutzbundes (BUND), Paul Kröfges. „Sie müssen dringend gegen moderne, doppelwandige Rohre ausgetauscht werden, sonst ist es nur eine Frage der Zeit, bis es zum nächsten Unglück kommen wird.“ (RP-Online; 17.11.12) Shell hingegen spricht vom Erhalt des Standortes und der Arbeitsplätze.

Es scheint mir selbst eine etwas hilflose Geste: Einmal meinen Wimpel an dem Zaun befestigen, ein Foto schießen und wieder weitergehen. Doch das heißt deswegen noch lange nicht, dass das Beobachtete das Richtige ist. Immerhin so viel kann ich sagen: Jeder (hier nicht beschäftigte) Mensch, der diesen Anlagen mit offenen Sinnen gegenübersteht, dabei diese Geräusche hört und diese Gerüche riecht, der wird empfinden, hier ist etwas nicht zum Besten. Und normal ist das nicht.

Kasimir: Wie leben wir

29.07. | **Köln.** Kasimir ist jetzt gerade einmal zwei Jahre alt, doch schon sind drei „Geschwister“ zu der Kölner Lastenfahrrad-Familie hinzugekommen. Die vier haben zwar unterschiedliche „Eltern“, doch eines haben sie gemeinsam: Diese Lastenräder können kostenlos genutzt werden. Warum das so ist und wie das funktioniert, erzählt mir Thorsten Merl von der Initiative „wielebenwir“ im Campus-Garten. Zuerst zeigt er mir in diesem Gemeinschaftsgarten eine „Givebox“. Eine Gruppe von Menschen sammelt in örtlichen Geschäften „abgelaufene“ Lebensmittel. Kurz bevor diese ansonsten im Müll landen würden, gelangen die Lebensmittel zum Beispiel hier in diesen Schrank – und alle, die möchten, können sich hier kostenlos bedienen. Den Projektmitwirkenden geht es dabei schlicht darum, dass nicht mehr so viele Lebensmittel im Müll landen. Die Nachfrage wie auch die Nachlieferung sei anhaltend sehr gut. Unter anderem inspiriert von dem Film „Taste the Waste“, hat sich die Idee rasch verbreitet und innerhalb kurzer Zeit sind in vielen Städten ähnliche Giveboxes entstanden. Doch wer oder was ist nun Kasimir? Zunächst ist dies ein Lastenfahrrad. Mit diesem lässt sich sogar ein Kühlschrank über kurze Strecken transportieren. Wer immer möchte, kann dieses kostenlos ausleihen. Über die Website www.kasimir-lastenrad.de findet man heraus, an welcher Station Kasimir aktuell zu bekommen ist. Über dieselbe Plattform sind auch die anderen drei Lastenräder buchbar. Und auch dies ist eine Idee, die bereits in mehreren Städten umgesetzt wird. Erst vor Kurzem trafen mehr als fünfzehn ähnlich orientierte Initiativen aus dem deutschsprachigen Raum auf Einladung von „wielebenwir“ in Köln zusammen.

Während unseres Gesprächs wird rasch deutlich, es geht der Initiative nicht „nur“ um die vordergründige Frage „Wie transportieren wir Dinge in der Stadt?“. Hinter diesem konkreten und anschaulichen Anliegen liegt ein ebenfalls konkreter Versuch, der vorherrschenden Tauschlogik „Geld gegen Leistung“ eine andere Logik danebenzustellen. Nicht an dem Mythos „freier Markt“, sondern an der Idee der „Commons“, der Gemeingüter, orientiert sich das Denken der Initiative „wielebenwir“.

Das Projekt „Stadtrampe“ folgt einem ähnlichen Anliegen. Es stellt die Frage, wie öffentlicher Grund, insbesondere Verkehrsflächen, denn eigentlich noch genutzt werden könnte – und welche Vorschriften dabei der Fantasie möglicherweise im Wege stehen. Die Stadtrampe bringt dies satirisch auf den Punkt und versucht zugleich, die Gesetzeslage subversiv zu unterlaufen: Wird ein öffentlicher Stellplatz anders genutzt als zum Abstellen eines Kraftfahrzeuges (in Wirklichkeit ein Stehzeug, da es mehr herumsteht, als es fährt), so ist dies ordnungswidrig. Stellt man zum Beispiel sein persönliches Sofa dort ab anstelle eines privaten Autos, so kann dies als Ordnungswidrigkeit bestraft werden. Anders verhält es sich, wenn man zuerst einen Anhänger auf dem Stellplatz parkt und dann das Sofa auf diesen oben draufpackt. Dann ist das anscheinend wieder ordnungskonform. Vielleicht ließe sich ja mit flachen Anhängern als vagabundierende Freiflächen die Stadt zurückerobern? Nicht, dass nun Hunderte von Anhängern in der Stadt herumstehen sollen! Aber dies Projekt macht deutlich, was in unseren Straßen so gut wie nicht mehr zu sehen ist: Freiraum, wo man einfach nur sein kann.

Köln Keupstraße

29.07. | **Köln.** Vor einigen Tagen erhielt ich einen Anruf von Jürgen Wiebicke. Da war er gerade auf der letzten Etappe seiner vierwöchigen Wanderung. Heute sind wir verabredet in Köln. So treffen also zwei zusammen, von denen der eine vier und der andere neun Wochen durch das Land wandert, um Geschichten und Denkwürdigkeiten zu finden. Jürgen moderiert für den Sender WDR 5 die Reihe *Das philosophische Radio.* So ist mir diese Begegnung eine wertvolle Anregung für den Denkweg: Entlang geeigneter Etappen werde ich ab und zu eine Philosophie-Sendung via Podcast hören.

Gemeinsam schauen wir uns den CARLsGARTEN an. Dieser entstand 2013 auf Initiative des Schauspiels Köln direkt neben dessen Interimsspielstätte in Köln-Mühlheim. Auf einer zuvor öden Betonfläche sprießen und wachsen in Kisten und Kübeln nun Salate, Kräuter und Gemüse. Jürgen weiß aus eigener Anschauung zu berichten, wie bis dahin dieses Quartier der allgemeinen Stadtöffentlichkeit weitgehend unbekannt war. Erst durch die temporäre Spielstätte und insbesondere durch diesen improvisierten Garten ist hier ein besonderer Ort entstanden. Dabei

wurden beim CARLsGARTEN wie auch bei einigen Theaterproduktionen die Bewohner des benachbarten Quartiers einbezogen. Diese Kooperation verknüpft sich insbesondere auch mit der nahen Keupstraße, in die mich Jürgen inzwischen geführt hat. Auf den Gehwegen stehen mehrere Leute zusammen und reden miteinander. Insgesamt nehmen die Menschen in dieser Straße gegenseitig voneinander Notiz. Nicht das Schlechteste. Es herrscht eine lebendige Atmosphäre in der Straße. Ebenfalls fällt auf, dass sämtliche Ladengeschäfte genutzt werden von türkischen Läden oder türkischen Restaurants. Jener Pöbel, der zum Beispiel in Dresden so laut gegen andere Kulturen polemisiert, würde in dieser Straße vermutlich einen ziemlichen Aufreger sehen. Und tatsächlich mündete solcher Fremdenhass in dieser Straße in einen Terrorakt: 2004 zündeten Mitglieder des selbsternannten „Nationalsozialistischen Untergrunds" (NSU) in der Keupstraße eine Nagelbombe und verletzten 22 Menschen. Zum zehnjährigen Gedenken des Anschlags machten 70.000 Besucher, Künstler und die Bewohner des Stadtteils Mülheim unter dem Motto „Birlikte – Zusammenstehen" aus dem Tatort einen Ort des gemeinsamen Feierns, Diskutierens und auch Erinnerns. Man kann sich also auch anders begegnen als beispielsweise in Dresden-Freital. Dorthin wird mich meine Tour auch noch führen. Mir wird jetzt schon speiübel, wenn ich mir vorstelle, ich könnte eventuell in eine derartige Szene aus „besorgten Bürgern" hineingeraten, wie solche im Internet bereits mehrfach mit Videos dokumentiert wurden. (z.B.: youtube.com/watch?v=vvpR7Mhfz14)

Wahner Heide

31.07. | Von **Troisdorf** nach Altenrath führt die Route durch die Wahner Heide. Sämtliche Zugänge zu diesem Naturschutzgebiet sind deutlich markiert. Es handelt sich dabei um ein seit etwa zweihundert Jahren als Truppenübungsplatz genutztes Areal. Erst seit wenigen Jahren ist es auf vorgegebenen Wegen für die Bevölkerung wieder zugänglich. Bestimmte sogenannte „Rote Zonen" bleiben jedoch weiterhin unbetretbar wegen vermuteter Munitionsreste und eventueller Blindgänger. Es ist ein eigenartiger

Spaziergang: Der Mischwald mit seinen verschiedenen Altersstufen im Wechselspiel mit den offenen Heideflächen gibt ein malerisches, friedvolles Landschaftsbild. Wie auf Bestellung zieht gemächlich eine Herde aus Schafen und Ziegen durchs Bild. Und schon stehe ich fast mittendrin in der Herde. Der Hund des Schäfers ist ganz zutraulich und streicht mir mit seinem flauschigen Fell um die Beine. Doch dann sind da eben auch immer wieder diese Schilder: „Extreme Munitionsbelastung! Absolutes Betretungsverbot!“. Nur die Schafe und das Wild wissen von alledem nichts.

Plötzlich, wie aus dem Nichts kommend, ziehen zwei mächtige Hubschrauber im Tiefflug mehrfach im Kreis über das Gelände. Von Weitem ist eine dumpfe Detonation zu hören. Nach wenigen Minuten ist der Spuk vorbei und die Stille kehrt zurück. Unweigerlich muss ich an die Arbeiten des Gartenkünstlers Ian Hamilton Finlay und sein „Little Sparta“ denken. Inspiriert von seinen Arbeiten, könnte man sich das soeben erlebte auch als eine großartige Landschaftskunst-Inszenierung vorstellen. Für den Moment dieser Vorstellung verliert es seinen Schrecken. Doch sehr viel wahrscheinlicher war es ein tatsächlicher Übungsflug, die Vorbereitung auf den Ernstfall, die Fortsetzung einer zweihundertjährigen Nutzung.

Schließlich erreiche ich Altenrath und finde dort ein Zimmer im einzigen Hotel am Ort. „Wegen der Ferienzeit gibt es kein Frühstück“, erklärt mir der Hotelier. Es scheint, ich bin der einzige Gast. Das zum Hotel gehörende Restaurant ist geschlossen. Zum einen hätte der Koch gekündigt und es sei kein neuer zu bekommen, zum anderen lohnte sich der Restaurantbetrieb zuletzt auch nicht mehr. „Ein Ort, der seinen Wirt nicht ernährt, der solle sich was schämen“, zitiert der Hotelier einen alten Spruch. Der Ort sei nur noch eine bloße Schlafstadt. Einzig eine Getränkehandlung gibt es noch und einen Bäckerkiosk, der täglich drei Stunden öffnet. Im Hotel liegen etliche Prospekte eines Pizza-Taxis. Auf die Lieferung meiner telefonischen Bestellung muss ich nicht länger warten als so manches mal in einem Restaurant. Der Hotelier hat das Pizza-Taxi bemerkt, bringt mir sogleich Besteck aufs Zimmer und wünscht guten Appetit.

In der Nacht halte ich das Fenster geschlossen, da mir die permanente Geräuschkulisse der nur einen Kilometer entfernten Autobahn zu störend ist. Hinzu kommt der Fluglärm des etwa drei Kilometer nahen Flughafens

Köln/Bonn. Und dann gibt es dort auch noch die Luftwaffenkaserne Köln-Wahn. Das Militär hat sowieso eine sehr besondere Bedeutung für diesen Ort. Zwischen 1913 und 1915 weitete sich der Truppenübungsplatz, den ich an diesem Tag durchquert habe, bis in die Nähe der Ortschaft aus. Die Heimatfront des Ersten Weltkriegs forderte Tribut; in Altenrath und Umgebung mussten sechzig Wohnhäuser geräumt werden. Das Ende der Ortschaft brachte dann die Kriegsplanung der Nationalsozialisten. An alle Einwohner erging 1936 ein Räumungsbefehl. Altenrath hatte anschließend faktisch aufgehört zu existieren. Kurz nach dem Zweiten Weltkrieg erfolgte eine Wiederbesiedlung von Altenrath. 1951 begann man – bezeichnenderweise – mit dem Bau von Kasernen für belgische Soldaten. (Quelle: troisdorf.de; 01.08.15)

Wahnbachtalsperre

01.08. | Bislang verlief die Strecke weitgehend durch Ebenen und die einzigen Berge waren die künstlichen Halden. Doch ab heute wird es anders. Ab jetzt wird es auf und ab gehen durch sehr ländliche Gegenden. Nach zwei Wochen Gehen spüre ich das erste Mal ein paar „Wehwehchen" an den Füßen. Und zum ersten Mal ist es heiß. Doch wenn es nicht schlimmer wird, ist alles gut. Kein Grund zu irgendeiner Klage! Besondere Attraktionen stehen für die nächsten Tage erst einmal keine auf dem Plan. Es gilt also, dem Zufall seine Chance einzuräumen.

Gestern wanderte ich durch die Wahner Heide und heute nun, von Altenrath kommend, stoße ich auch noch auf die Wahnbachtalsperre; In der Kurzform lautet der Name nur: „Wahn-Sperre"! Klingt ja allmählich gefährlich, denk ich mir so. Ich wage es dennoch, setze mich zu einer Rast nahe ans Ufer. Und dann, schon nach wenigen Minuten, ertappe ich mich, wie ich in Gedanken so eine Art Doppel-Selbstgespräch mit mir führe:

Ich: Also wenn mich jetzt jemand fragen würde.
Das andere Ich: Na wo willst du denn hin?
Das normale Ich: Nach Zittau.

Das andere: Und da kommst du hier vorbei? Hier ist doch gar kein Wanderweg.

Ich normal: Doch. Hier verläuft der Denkweg.

Das: Kenn ich nicht.

Ich: Kannst du auch nicht. Denn der Weg entsteht ja auch gerade erst.

Das: Versteh ich nicht.

Ich: Jetzt, im Moment, indem ich hier entlanggehe, entsteht der Denkweg.

Das: Aha. Das klingt ja, als wärst du auf deinem Walkabout. So wie die Aborigines in Australien.

Ich: Nicht die schlechteste Idee. Ich singe aber nicht während dem Gehen. Und ich folge auch nicht der Vorstellung von einer Heimat, die sich nicht ändern dürfte.

Das: Welcher Erzählung läufst du denn dann hinterher, hier in Hessen?

Ich: Frag mich noch mal, wenn ich in Zittau angekommen bin. Im Moment weiß ich es auch noch nicht so genau. Während dem Gehen wird die Idee schon noch klarer werden. Vielleicht wird es ja ein „Aufwachpfad", aber sicher nicht ein derartiger Traumpfad, wie solche in Zeitschriften wie „Schönes Land" traumfantasiert werden.

Das: Bei uns ist die Landschaft ja auch total zersiedelt und von Bahnlinien, Autobahnen und Stromleitungen durchschnitten. Wie sollte man da einen Walkabout überhaupt hinbekommen können.

Ich: Genau da wird es jetzt spannend, führt der Pfad ins Offene. Man darf nur eben nicht den Vorstellungen und Bildern unserer Vor-Vor-Vor-Generationen nachlaufen.

Zwischenruf aus dem OFF von Lucius Burckhardt: Die Landschaft entsteht doch erst im Kopf. Landschaft ist eine Konstruktion. Und sie ist transitorisch!

Ich: Oder anders: Auf ein und derselben Fläche gibt es viele Landschaften zugleich. Und je nachdem, wie wir uns fortbewegen, kommt dabei das eine oder das andere Bild zum Vorschein. Beispielsweise in der Landschaft, durch die ich in den letzten Tagen gewandert bin, da gibt es fast nur kleine Straßen und Feldwege. Ich konnte stets den Wind hören und auch viele Tiere konnte ich hören. In dieser Landschaft des Wanderns hört man zwar noch nicht das Gras wachsen, aber man kann das Geräusch einer grasenden Schaf- oder Kuhherde hören. Ich hatte dieses Geräusch schon so lange vergessen. Jetzt ist es wieder da. Und da ist jetzt plötzlich eine Ähnlichkeit zu den Songlines – indem man da langgeht, erklingt jene Landschaft erneut, die wir inzwischen vergessen hatten.

Das: Na, und sobald du fährst, sei es Fahrrad, Motorrad, Zug oder Auto, da hörst du diese Geräusche natürlich nicht mehr.

Ich: Ja. Und ebenso verhält es sich mit Gerüchen, Schatten und anderem. All das ist dann sogleich aus der erlebten Wirklichkeit verschwunden. Obwohl – es ist ja aber trotzdem immer noch da.

Zwischenruf aus dem OFF von Bruce Chatwin: Die Menschen müssten mehr denn je lernen, ohne Dinge zu leben. Dinge erfüllen die Menschen mit Furcht: Je mehr Dinge sie besitzen, umso mehr haben sie zu fürchten.

Das: Und bei so einem Walkabout-Aufwachpfad-Denkweg-Odersonstwas kommen solche Erfahrungen wieder in die Landschaft zurück?

Ich: Auch das. Ich muss jetzt aber weiter.

Das: Ich bleib dir auf den Fersen.

[Gestern Abend blieb eine Flasche Bier übrig und ich konnte sie einfach nicht stehen lassen. Nach dieser Pause ist sie jetzt leer, sie wog ja auch schwer. Die ersten hundert Meter nach der Pause sind mal wieder die schwersten des Tages. Ansonsten passt es heute ganz toll: 30° Celsius und 30 Kilometer Tagesetappe.]

Siegen. Von hinten

03.08. | Ankunft in **Siegen.** Annähernd 30 Kilometer wandere ich heute, durch kleine Dörfer und Weiler, über kleine Straßen, Wald- und Landwirtschaftswege. Auch ganz schmale Pfade sind darunter. Einmal muss ich einige Meter wieder zurück, weil ich den auf der Karte eingezeichneten Weg zuerst gar nicht erkennen konnte, so schmal und unscheinbar ist der Pfad. Diese Welt gibt es also auch noch. Und dann eine solche Ankunft; der Kontrast könnte nicht deutlicher sein. Der erste Eindruck von Siegen wird dominiert durch die Siegtalbrücke. Diese etwa hundert Meter hohe Autobahnbrücke spannt sich einen Kilometer weit über das Tal. Erbaut wurde sie 1964-69. Für den überwiegenden Anteil der heutigen Siegener Bevölkerung ist sie somit „immer schon da". Was könnte man da also noch dazu sagen?

Am folgenden Tag durchstreife ich diese Stadt von Süden nach Norden. Was mir dabei begegnet, ist sehr oft die Fortsetzung der Geste der Siegtalbrücke: Alles ist machbar. Wo ich auch entlangkomme, stets erblickt man die Anpassung der Stadt an das System Auto. Durch ihre ausgeprägte Topografie ist die Stadt Siegen für eine solche Anpassung denkbar ungeeignet.

Zugleich aber bringt diese Topografie auch einige Vorzüge der Automobilität besonders deutlich zum Ausdruck. Und für die Lösung der baukonstruktiven Probleme findet sich immer ein Ingenieur. Was also könnte man da noch sagen?

Zur Überwindung von Sprachlosigkeit ist es mitunter hilfreich, einfach einmal aufmerksam hinzuschauen. Oder auch, einen etwas anderen Blickwinkel zu suchen. Dieser Gedanke führt mich durch diese Stadt. Ein Vorzeigeprojekt will ich gerne beim nächsten Mal besichtigen – heute suche ich den „Blick von hinten" auf den Alltag. Mit am eindrücklichsten wirkt auf mich eine Situation in einer kleinen Nebenstraße der Altstadt: Zwei direkt benachbarte Häuser haben eine jeweils gleich große Vorfläche. Das eine mal stellt sich diese dar als liebevoll gestalteter Vorgarten. Im anderen Beispiel dient die Fläche zum Abstellen eines (geliebten) Autos. Schöner kann man die Frage „Wie wollen wir leben?" nicht illustrieren.

Eine zweite Methode zur Überwindung von Sprachlosigkeit ist Lesen. *Warum wir eine andere Gesellschaft brauchen* lese ich zurzeit (so weit zwischen dem Wandern hierfür Muße bleibt). Dieses „Manifest für eine andere Zukunft" wurde verfasst von dem an der Universität Siegen dozierenden Politikwissenschaftler und Philosophen Michael Hirsch. Mit seinen

Gedanken im Ohr (Sendung BR2) durch die Stadt zu gehen, eröffnet ebenfalls anregende Blickwinkel.

> „Die fortschrittliche Frage ist nicht, wie wir das gegenwärtige Niveau des Wohlstands und die gewohnten Verhaltensweisen, Ordnungen und Normalitäten bewahren können (…). Die Frage ist vielmehr, wie wir die Gesellschaft progressiv verändern können. Es kann heute nicht mehr um die Erhaltung einer als Normalitäts-Maßstab empfundenen Vergangenheit gehen. Es geht vielmehr um einen Bruch mit den Gewohnheiten des Lebens und Denkens; es geht um Ideen für eine bessere Zukunft. (…) Der völlige Bankrott der Funktionäre in Politik, Kultur und Medien, der völlige Mangel an Ideen ist so unübersehbar, dass die größte Gefahr darin besteht, sich daran zu gewöhnen. Gegen diese politische und kulturelle Apathie gilt es anzukämpfen. Mit anderen Worten: es geht um die Rückeroberung der Macht: um den Ausgang aus der selbst verschuldeten Unmündigkeit. Es geht um die Eroberung der politischen, wirtschaftlichen und kulturellen Macht durch die Bürger: der Macht, die Probleme zu definieren, die wichtigen Fragen zu stellen und sich selbst für ihre Beantwortung zuständig zu fühlen."

Begegnung im Regen

04.08. | Ich habe den Norden von **Siegen** erreicht. Es wirkt hier wenig einladend und ich möchte ohnehin gerne noch ein paar Kilometer gehen, etwas Strecke machen. Allerdings wird das Wetter zusehends schlechter. Na, ich riskiere es. Kaum habe ich Siegen hinter mir gelassen, wechselt der Nieselregen ziemlich plötzlich in starken Regen. Ich flüchte mich in einen jungen, dichten Fichtenwald, um dort unterzustehen. Noch ist der Boden trocken, was sich aber bald ändert. Überall tropft es jetzt. So stelle ich mich so nah wie möglich neben den Stamm einer Fichte, um möglichst wenig Wind und Regen abzubekommen. Bewegungslos und angewurzelt wie eine Fichte stehe ich so da und sinniere über die Frage: „Ist das jetzt toll? Und wenn ja, wie lange noch?" Und dann, nach etwa zwanzig Minuten, bemerke ich keine zwei Meter neben mir ein kleines, junges Reh. Keine sechzig Zentimeter groß mag es sein. Mit seinen großen, dunklen Augen schaut es tief in meine. Hat es sich womöglich in mich verliebt? Quatsch! Es muss mich für ein ausgestopftes Tier aus dem Naturkundemuseum halten. Und da frisst es da und dort noch ein wenig Gras und springt dann unbekümmert weiter. Dafür kann man schon auch mal im Regen stehen.

Naturpark Rothaargebirge. Hää?

05.08 | Bei **Lützel,** bei Kilometer 101, „steige ich ein" in den Rothaarsteig. Drei Tage lang folge ich diesem Weg und diesem Versprechen: „Der Naturpark Rothaargebirge erstreckt sich auf einer Fläche von 1.355 km^2 über das Hochsauerland, Wittgensteiner Land sowie über Teile des Südsauerlandes und des nördlichen Siegerlandes. Benannt wurde er bei seiner Gründung im Jahre 1963 nach dem Rothaargebirge, in dem sich der größte Teil der Naturparkfläche befindet. [...] Aufgrund seines großen Naturreichtums gilt der Naturpark als einzigartiges Wanderparadies: So erschließt der Rothaarsteig die Kernbereiche des Naturparks und bietet eine echte Herausforderung!"

Für mich das besondere Erlebnis: Drei Tage lang gehen und gehen – immer nur durch Wald. Der Rothaarsteig ist durchgehend hervorragend ausgeschildert und eine Karte ist im Grunde nicht einmal nötig, man folgt einfach den Wegmarkierungen. So gelangen auch die Gedanken leicht ins Laufen. Auf den 55 Kilometer, die ich dem Rothaarsteig folge, quert dieser lediglich fünfmal eine Straße. An diesen Kreuzungen dringen dann auch sofort wieder Motorengeräusche in die Welt zurück – und hierbei wird einem dann gegenwärtig, dass man bis eben sehr lange schon keine mehr gehört hatte. Auch hierüber gelangt man in einen anderen Modus – über mehrere Stunden hinweg keinen einzigen Motor zu hören, ist ungemein entspannend. Dies insbesondere in dem Land, das man bislang als dicht besiedelt und zerschnitten kannte. Das ist es ja auch, aber die andere Seite ist zugleich eben auch noch da. Dies zeigt zum Beispiel der Rothaarsteig. Und hie und da zeigt er auch eine schöne Aussicht oder eine atmosphärisch dichte Waldsituation. Ansonsten ist der Weg aber recht langweilig: Im Kern handelt es sich bei dem „Naturpark" Rothaarkamm um nichts anderes als um quadratkilometerweite Monokultur. Fichte so weit die Füße tragen. Steigt man beispielsweise auf den Rhein-Weser-Turm, zeigt sich von da oben ein Panorama aus Fichte so weit das Auge reicht. Man stelle sich einmal vor, man würde drei Tage lang durch einen einzigen Maisacker wandern und die Touristiker würden einem eben dieses dann als „Naturpark" verkaufen wollen. Genau so ist es hier – auf schätzungsweise 90 % der Flächen, an denen ich vorbeikomme, stehen Fichten. Man kennt vielfältigere Wälder, auch in Deutschland, lange schon. Oft hörte man in Diskussionen zur Waldbewirtschaftung: „Ja dieser Wald wurde eben noch von den vorangegangenen Generationen der Forstleute angepflanzt, die das Verständnis für naturnahe Wälder noch nicht hatten." Solche Worte wird man hier erst von der nächsten Generation hören können, auch wenn die Prospekte anderes verkaufen wollen. Um von dieser Falsch-Etikettierung abzulenken, gibt sich die Region nicht nur in Broschüren viel Mühe: Egal was gebaut wird – wichtig ist, dass es mit Fachwerk-Oberfläche verblendet wird. Von außen muss alles irgendwie alt und überliefert aussehen. Innen legt man dann aber schon großen Wert auf zeitgemäßen Komfort. Die global reiseerfahrenen Touristen wollen den Standard, an den sie sich gewöhnt haben, auch hier geboten bekommen.

Jedes touristische Ziel ist immer auch eine Inszenierung. In Relation zu anderen Destinationen ist die Inszenierung des Rothaarsteigs noch eine recht annehmbare. Allerdings würde man sich eben sehr wünschen, dieses Design würde über die Gestaltung von Oberflächen hinausreichen. Gewünscht hätte ich mir beispielsweise ein Frühstücksei von freilaufenden Hühnern, an denen ich dann des Tages noch vorbeiwandere. Oder eine Speisekarte mit Bio-Produkten aus der Region, wie etwa ein Rindersteak von einem örtlichen Bauer, dessen Kühe ich auf der Weide sehen könnte. Oder wie wäre es, wenn in der Dorfmitte nicht ein altes Backhaus simuliert, statt dessen aber in dem Dorf tatsächlich noch eine Backstube in Betrieb

wäre, dessen Brötchen dann zum Frühstück gereicht würden. Eine Brotsorte wäre dabei ausreichend. Das wäre dann eine echte Differenz-Erfahrung zu dem Alltag in den Städten.

Solche Ansätze werden in anderen Urlaubsregionen bereits umgesetzt. Man könnte also auch noch weiter gehen. Für Wanderer leicht nachvollziehbar ist die Vorstellung, der ein oder andere Ort links und rechts des Rothaarsteigs wäre für Touristen nicht mit deren eigenen Pkw zu erreichen, sondern nur über Rufbus oder Ähnliches – wie dies beispielsweise auf Hiddensee und einigen Nordseeinseln seit Jahrzehnten der Fall ist. Das Außergewöhnliche der Urlaubstage, der im Kern gesuchte deutliche Unterschied zum Alltag bestünde dann in einem bewussten Mobilitäts-Entzug – und in den Vorzügen, die nur solche konsequent verkehrsberuhigten Orte bieten können. Für Weitwanderer liegt ein solcher Gedanke denkbar nahe. Und immerhin: Der Mobil-Telefon-Entzug funktioniert in dieser Region schon recht gut. Er wird bislang nur noch nicht vermarktet. Doch zu dieser Region gehören eben nicht nur Wanderwege und Wanderer: Die Taktzahl und die Umsatzziele werden an anderen Orten definiert, zum Beispiel in Winterberg.

Winterberg goes Las Vegas

09.08. | **Winterberg.** Das Wetter meint es gut mit mir: Bei meinem frühen Aufbruch liegt der Ort eingehüllt in dichtem Nebel. So bleibt es mir erspart, Winterberg ein zweites Mal anzusehen. Vielleicht klingt das wenig freundlich – es ist aber nun einmal das, was ich empfinde. Glaubt man der Geschichtsschreibung, so herrschte in der Gegend um den Kahlen Asten früher ziemliche Armut. Karge Böden, steile Hänge und die sehr lange Vegetationspause garantierten eine karge Küche. Diese natürlichen Umweltbedingungen sind immer noch dieselben – hingegen das Bild von wirtschaftlicher Armut begegnet einem heute am Kahlen Asten und in Winterberg nicht. Die Wende kam mit der Erfindung des Wintertourismus, insbesondere ab 1906, als der Ort an die Eisenbahn angeschlossen wurde. Von da an „fällt mit jeder Schneeflocke ein Taler“, wie es in Heimatgeschichtsbüchern volkstümlich umschrieben ist. Doch bald auch merkt man, fällt in einem Winter einmal weniger Schnee, so fällt auch weniger Gewinn ab. Abhilfe schaffte die Technik: Im Winter 1966/67 wurden die

ersten Schneekanonen zur künstlichen Beschneiung der Skipisten eingesetzt. Heute gibt es derer viele. Auch viele Hotels und Restaurants sind entstanden. Und wo die nun einmal da sind, wollen diese Betriebe auch im Sommer lukrative Geschäfte machen. Neue Attraktionen und Freizeitangebote müssen also her: Sommerrodelbahn, „Kiss the Sky"-Trampolin, Panorama-Erlebnis-Brücke, Kletterwald-Erlebnis-Parcours oder auch die Bimmelbahn-Rundfahrten sind für die Sommersaison errichtete „Erlebnisse". Die „Tubing-Bahn", der „Bikepark" mit zehn Kilometer Abfahrtsstrecken wie auch das Downhillcart Bullracer, „das durch sein außergewöhnliches Fahrwerk einen sehr hohen Spaßfaktor hat", verlängern die Auslastung vorhandener Liftanlagen über die Sommermonate hinweg.

Noch gleicht Winterberg nicht den Bildern, die man von hochalpinen Skizentren kennt. Doch auch hier schreibt sich dieses Spektakel in die Landschaft ein. So wandere ich entlang riesiger Parkplätze, komme vorbei an zahlreichen eingepackten Schneekanonen und vielen Liftanlagen. Dabei lässt mich ein Gedanke nicht los; dieser Winter-Berg (und all die anderen auch) ist untrennbar mit zwei Arten von Orten verknüpft,

an denen der Denkweg mich bereits entlangführte: Der Treibstoff, den all diese sportiven Aktiv-Urlauber während ihrer Autofahrt zum Zielort benötigen, wird aus der Ferne herbeigeschafft und in einer Raffinerie aufbereitet, wie beispielsweise in Köln-Wesseling. Und der elektrische Strom, der benötigt wird, um all die Lifte und Spaßeinrichtungen anzutreiben, kommt aus Kraftwerken, beispielsweise aus den Braunkohlenkraftwerken zwischen Aachen und Köln. Das heutige Winterberg ist nicht zu haben ohne diese anderen Orte – mit wiederum all deren ebenfalls ausgeblendeten „Nebenfolgen". Sichtbar wird dies hier am Ort des Spektakels natürlich nicht. Und sollte jemand die Spaßgesellschaft auf diesen Zusammenhang aufmerksam machen, so stellt sich diese Person sogleich selbst ins Abseits: Spielverderber. Wer möchte schon vorgeschrieben bekommen, wie man sich zu amüsieren hat! Die ausgeblendeten Zusammenhänge bleiben aber dennoch bestehen und wirksam! Wegschauen und Verdrängen beantwortet keine Fragen: Was bedeutet es für Einwohner und Besucher, wenn das ganzjährige Spektakel als zentralstes Merkmal für die Identität einer Stadt übrig bleibt? Wie kann man die Bewohner einer Region für Nachhaltigkeit und einen konsequenten Klimaschutz gewinnen, wenn der ökonomische Aufstieg dieser Region wesentlich auf dem bedenkenlosen Verbrauch von Ressourcen gründet?

Ich fand gestern Abend noch einmal etwas Muße zum Lesen. Michael Hirsch hat mit seinem Manifest für eine andere Zukunft auch eine treffende Beschreibung von Winterberg geliefert: „Tief in ihrem Inneren sind die meisten überzeugt, dass wir in der besten aller möglichen Welten leben. Wir wissen zwar, dass ‚es so nicht weitergehen kann'; aber tief drinnen glauben wir, dass es immer so weitergeht und immer besser wird. Der – nicht nur durch die bei Fortsetzung des gegenwärtigen Wirtschafts-Wachstumsmodells unaufhaltsame Erderwärmung längst widerlegte – plumpe Fortschrittsglaube ist in Wahrheit ungebrochen. Er ist noch immer die Grundlage unseres Gesellschaftssystems, die magische Konsens-, Kompromiss- und Zielformel der gesellschaftlichen Entwicklung. Um eine fortschrittliche Alternative zum gegenwärtigen Entwicklungsmodell überhaupt denken zu können, müssen wir uns zuallererst von diesem Fortschrittsglauben lösen. Dazu reicht ein bisschen Wachstumskritik und ein bisschen Reden von ‚qualitativem Wachstum' nicht aus."

Folgt man Michael Hirsch und anderen kritischen Geistern, dann ist es gerade jene Spaßgesellschaft, die das Spiel verdirbt für die nachkommenden Generationen. Je mehr man nun dieser Perspektive folgt, umso unerträglicher werden solcherlei Orte wie Winterberg.

Was ist Arbeit?

Während dem Immer-weiter-Gehen denke ich mir so: Diese Wanderung könnte man sehr gut zu dritt unternehmen. Die eine Person könnte sich dann konzentrieren auf das Schreiben der Texte. Der zweiten Person obläge die Fotografie und die Aktualisierung des Blogs. Und die dritte Person würde sich eben kümmern um die Routenplanung, um die Organisation der Übernachtungen und die schmutzige Wäsche. Auch für ein weiteres Teammitglied fände sich noch die ein oder andere Arbeit zu erledigen. Da ich aber alleine wandere, darf ich alles selbst machen. Ich will mich darüber aber nicht beklagen. Ich habe es mir ja so gewünscht und ich erlebe eine wirklich gute Zeit. (Lediglich gegen Ende einer Tagesetappe, so zwischen 15 bis 18 Uhr, vergesse ich das manchmal.) Von einigen werde ich auch ein wenig beneidet um meine lange Wanderung. Und was soll ich dazu sagen: Vollkommen zu Recht! Manchmal beschleicht mich sogar ein schlechtes Gewissen, beispielsweise wenn ich an Straßenarbeitern vorbeikomme, die in sengender Hitze mit Handwerkzeugen die Erde aufgraben. Dann denke ich: So viele Arbeiten, die getan werden müssen. Und so viele Menschen, die auf Hilfe angewiesen sind. Und was macht der Wanderer – er läuft währenddessen immer weiter. Und er hofft, dass auch seine Geschichte am Ende einen Sinn ergeben wird.

Urwald-Steig

10. & 11.08. | In Deutschland gibt es inzwischen sechzehn Nationalparks. Einer davon ist der **Nationalpark Kellerwald-Edersee.** (Der wiederum ist eingebettet in den größeren Naturpark Kellerwald-Edersee.) Ein Motto haben alle Nationalparks gemeinsam: „Die Natur Natur sein lassen.“. So werden beispielsweise die Wälder in den Nationalparks nicht mehr forstwirtschaftlich genutzt. Sie sollen sich entwickeln können zu „Urwäldern von morgen“. Der um den Edersee herumführende Wanderweg heißt heute schon „Urwaldsteig“. Die Prospekte versprechen auch hier wieder viel: „Verschlungene Pfade über Stock und Stein zu unvergesslichen Naturerlebnissen – letzte echte Urwälder – mit atemberaubenden Ausblicken auf die einzigartige Wald- und Seenlandschaft der Erlebnisregion Edersee und des Nationalparks. Über 68 Kilometer erleben Sie wilde Natur auf Schritt und Tritt.“

Anstatt nun lange kritisch darüber zu reflektieren, ob es denn in Deutschland echte Urwälder überhaupt noch geben kann, oder zu fragen, warum die Begriffe „Erlebnisregion“ und „Nationalpark“ so glatt in denselben Satz passen – da gehe ich doch einfach diesen Urwald-Steig ein gutes Stück weit entlang. Und um dabei möglichst alles richtig zu machen, besuche ich zuvor das Naturparkzentrum Kellerwald. Dessen Ausstellungsparcours greift tief in die Trickkiste der medialen Inszenierungen und scheint insbesondere auf konzentrationsgestörte Schüler ausgerichtet: Um ja nicht die Aufmerksamkeit der Besucher zu verlieren, muss man als solcher an den Bildschirmen ständig auf einen Button „touchen“ oder irgendetwas irgendwie bewegen. Und das soll jetzt für Naturerfahrungen sensibilisieren? Ich fühle mich hier angestrengt überanimiert, um aber am Ende doch nur recht wenig zu erfahren. Um wie viel konzentrierter wirken da die zwei ausgestellten Tierpräparate. Der Zeit enthoben, wohltuend anachronistisch stehen die einfach so da – wie man dies aus alten Naturkundemuseen kennt. Also ab jetzt rein in den Wald! Steil geht es bergauf und bald enden dann auch die breiten, befestigten Wege. Mal auf engen, mal auf lichten Pfaden führt der Urwald-Steig sowohl durch jungen, schier undurchsichtigen wie auch durch alten, hallenartigen Buchenwald. Helle Waldabschnitte wechseln mit dunklen. Das eher hellgrüne Laub der Buchen kontrastiert

mit den dunkleren, leicht olivgrünen Blättern der Eichen, die sich vereinzelt dazwischen finden. Großes Landschaftskino – ständig gibt es etwas zu entdecken. Der Boden bietet den Füßen oft einen angenehm weichen Auftritt und so gehen diese fast wie von selbst – auch wenn es immer mal hoch und runter geht. Die schönen Aussichten und die Abwechslung der Wege lassen die Anstrengung vergessen. Ebenfalls vergessen lässt der Urwald-Steig die Frage, ob das nun Urwald sei oder eines Tages werden könnte. Auch die Frage, wo das Holz herkommen soll, das wir ja doch benötigen, ist an diesem Ort nicht angebracht. In Erinnerung hingegen kommt mir das Zitat, das ich mir im Naturparkzentrum notiert habe:

> „Es ist umsonst, wenn wir von einer Wildnis träumen, die in der Ferne liegt. So etwas gibt es nicht. Der Sumpf in unserem Kopf und Bauch, die Urkraft der Natur in uns, das ist es, was uns diesen Traum eingibt.“
> (Henry David Thoreau; 1817 – 1862)

Wolfhagen hundertprozentig

12.08. | Einige Mitwirkende der Initiative Wolfhagener Land gegen Suedlink erwarten mich bei der Weidelsburg nahe Wolfhagen. Liebevoll haben sie neben einem Wanderparkplatz ein Picknick für mich bereitet. Wir reden über das Wandern und Pilgern und die Erfahrungen, die man dabei so machen kann. Etwas später kommt noch Dekan Gerlach zu der Runde hinzu. Er weiß zu erzählen von einem Protestpilgerweg nach Würgassen, entlang dem seinerzeit von Pilgern kleine Eichenbäume gepflanzt wurden, um ein Zeichen zu setzen für Frieden und Gerechtigkeit und für die Schöpfung. Doch diese Eichen wurden nicht alt, sondern alsbald wieder ausgerissen von Menschen, die an den Fortschritt glaubten. Natürlich sprechen wir auch über die geplante Stromtrasse namens Suedlink, die hier durch die Region führen soll. „Sobald man sich eingehender damit befasst, stößt man auf Ungereimtheiten", so die einhellige Meinung der Anwesenden. Sie werten es als Erfolg, dass sich bereits bundesweit zahlreiche Initiativen zusammengeschlossen haben zu einem Bundesverband. Anstatt gigantischer Stromautobahnen fordern sie eine dezentrale Energieversorgung – wie man dies in Wolfhagen besichtigen kann.

13.08. | Das Empfangs-Foyer des Verwaltungsgebäudes der Stadtwerke Wolfhagen gleicht so ein bisschen einem Heizungskeller. Das ist durchaus Absicht, denn es ist Teil einer Botschaft. Ausgestellt sind Wandquerschnitte von Passivhäusern, Modelle für dreifach verglaste Fenster, für Wärmetauscher und Wärmespeicher und anderes mehr. Hier wird deutlich: Die Mitarbeiter der Stadtwerke Wolfhagen wollen nicht lediglich ihre Kunden mit Energie versorgen. Sondern die Kunden sollen möglichst wenig von dem angebotenen Gut abnehmen. Und der Strom, den die Stadtwerke zu liefern dann doch bereit sind, soll zu 100 % aus regenerativen Energien gewonnen werden, und dies, bitte schön, zudem ausschließlich in der Region. Im Jahr 2008 beschloss die Stadtverordneten-Versammlung diese Wolfhagener Energiewende: So viel Strom, wie von Bürgern, Gewerbe und Industrie in der Stadt übers Jahr gesamt verbraucht wird, so viel Ökostrom soll zu hundert Prozent übers Jahr gerechnet auch in der Region erzeugt werden. Und die ausnahmsweise einmal sympathischen Hundertprozentigen haben hierzu einiges unternommen. Ende 2014 ging ein Windpark auf dem nahen Rödeser Berg ans Netz. Mit einem E-Mobil werde ich zu diesem Ort gefahren. Am Tag der offenen Windparkbaustelle kamen über 2000 Bürger an diesen Ort, um sich ein Bild zu machen. Die Bürger waren es auch, die zu einem großen Anteil ihre Energiewende finanzierten: Die „BürgerEnergieGenossenschaft Wolfhagen" hält heute 25 % des Stammkapitals der Stadtwerke. Mit ihren privaten Geldeinlagen – 500 € kostet ein Geschäftsanteil – stockten die Kunden das Stammkapital der Stadtwerke um über 2,3 Millionen Euro auf. Das Geld floss auch in einen Solarpark der Stadtwerke. Zu einer besonderen Photovoltaikanlage werde ich noch gefahren: Die ehemalige Panzergarage der Pommernkaserne wurde umgebaut zu einer Schule mit einem Dach aus transparenten Solarmodulen.

Es ist eine Anerkennung auch für die Bürger, als im Jahr 2010 der Stadt Wolfhagen der Preis „Energieeffiziente Stadt" zugesprochen wird. Den Stadtwerken ist dies Ansporn, weitere Konzepte zur Energiewende zu entwickeln. Herausforderungen gibt es genug. Beispielsweise lässt sich ja

nicht beeinflussen, wann die Windräder und Solaranlagen Strom erzeugen – vielleicht lassen sich aber die Zeiten des privaten Stromverbrauchs lenken. Könnte man also das Einschalten der Geschirrspülmaschine, der Waschmaschine, des Staubsaugers oder das Hochdrehen des Gefrierschranks an die Verfügbarkeit von Wind- und Sonnenstrom koppeln? Dann müsste in jenen Phasen, wenn kein Wind weht und die Sonne nicht scheint, auch weniger Strom aus dem Netz abgerufen werden. Die ersten entsprechend ausgerüsteten Haushaltsgeräte für dieses Modellprojekt werden in Kürze ausgeliefert. Und ich stell mir schon vor, wie im Radio endlich nicht mehr diese blöden Verkehrsnachrichten, sondern stattdessen stündliche Ansagen zum Wind- und Solarstromaufkommen durchgegeben werden.

Was ist die Motivation, eine solche regionale Energiewende „zu wuppen"? Sicher ist es nicht bloß die „Idee", für den persönlichen Geldbeutel ein paar Euro an Haushalts-Stromkosten einsparen zu wollen (oder mittels Cross-Border-Leasing-Verträge für die kommunalen Betriebe Steuern einsparen zu wollen). Es geht darum, die Zukunft zu gestalten und dies nicht internationalen Konzernen zu überlassen. Es ist so ziemlich ein Gegenmodell zum Wirtschaftsliberalismus. Und da ist es nur folgerichtig, wenn sich Wolfhagener Bürger genau informieren und sich auch einmischen bei den Planungen zum „Suedlink".

Kassel: Perspektiven

13.08. | Über das Hohe Gras erreiche ich den Herkules im Bergpark Wilhelmshöhe am Rande von Kassel. Von hier oben folgt der Blick eines jeden Besuchers unwillkürlich der kilometerlangen Blickachse hinunter in die Stadt. Seit bereits etwa dreihundert Jahren prägt diese gebaute Inszenierung die Blicke. Und egal an welcher Stelle man auf diese Achse trifft, ob nun im Park oder in der Stadt, praktisch ist es schlicht unmöglich, sich dieser vorgezeichneten Perspektive zu entziehen. Dies nun erinnert mich an eine ähnliche – wenn auch subtilere – aufgezwungene Betrachtungsweise auf die Stadt. Und auch hier ist Kassel ein Vorzeige-Beispiel: Die autogerechte Stadt. In den Nachkriegsjahren kamen aus ganz Deutschland Stadt- und Verkehrsplaner nach Kassel, um sich anzuschauen, wie man es richtig macht. Die im Krieg sehr stark zerstörte Stadt bot nur noch wenig Widerstand gegen die Idealpläne der Verkehrsplaner, wobei damals Verkehr insbesondere als freie Fahrt für Autos gedacht wurde. Und um diesen Verkehrsstrom nicht zu behindern, wurden die Fußgänger dann bekanntlich an vielen Kreuzungen durch Unterführungen geschleust. Dieses „Erbe", diese Stadtidee prägt noch heute die Stadtstruktur, beeinflusst ganz wesentlich das soziale Verhalten und Denken der Menschen. Doch es tut sich was. So beispielsweise in der Goethestraße. Der in dieser Straße wohnende (Fuß-)Verkehrsplaner Andreas Schmitz schildert mir während eines gemeinsamen Spaziergangs die Hintergründe. Hier eine Kurzfassung: Bis vor Kurzem war die Goethestraße noch vierspurig ausgebaut. Inzwischen wurde die Fahrbahn auf zwei Spuren halbiert und die vormaligen anderen zwei Fahrspuren konnten zu einer breiten Promenade umgestaltet werden. So wurden enorme Verbesserungen erzielt für Fußgänger, für Radfahrer und für Menschen, die einfach nur auf der Straße verweilen wollen (und der motorisierte Verkehr fließt auch noch). Die neu gewonnene Aufenthaltsqualität verhilft der Straße zu einer guten Adresse – und wurde bereits mit einem Städtebaupreis ausgezeichnet. „Das Projekt ist beispielgebend für die vielerorts anstehende städtebauliche Reparatur ‚autogerechter' Hauptverkehrsstraßen. Die Entwurfsprinzipien sind verallgemeinerbar, der Entwurf selbst bleibt freilich ortsspezifisch", lautet die Begründung in der Auszeichnung. Und wieder einmal blickt die Fachwelt nach Kassel.

Goethestraße in Kassel, vor und nach der Umgestaltung

Empfehlenswert ist dies insbesondere in den Abendstunden. Dann bevölkert sich die Goethestraße und ebenso der anschließende Rudolphsplatz. Die ehemaligen Verkehrsflächen werden dann regelmäßig zu einem lebendigen Ort. (In dem Vorher-nachher-Bildpaar derselben Straßenecke wird die Dimension des zurückgewonnenen Freiraums deutlich.)

Es gibt noch viele weitere Zukunfts-Perspektiven in Kassel, die ich dann bei meinem nächsten Aufenthalt besuchen möchte. (Kopiloten: Politische Bildung im kommunalen/öffentlichen Raum; Next Kassel: Deine Idee für deine Stadt; Solidarische Landwirtschaft Kassel; Essbare Stadt; Transition Town Kassel; Bürgerenergiegenossenschaften)

Der lustige August

Dies ist meine Geschichte vom lustigen August: Während der Etappe von Wolfhagen zum Hohen Gras und weiter über den Herkules bis Kassel komme ich vorbei an einer Temperaturanzeige; sie zeigt 36°. Kein Wölkchen am Himmel. Fünf Tage später stapfe ich über den Hohen Meißner, abwechselnd mal durch dichten Nebel und mal durch Nieselregen. Die Spitze des dortigen Sendemasten ist nicht zu sehen, verschwindet im Grau. Und eine Signalleuchte warnt die Wanderer vor EISSCHLAG.

Hoher Meißner: Gegen geistige Enge

17.08. | Als ich auf dem Berg ankomme, ist von diesem nichts zu sehen: Der Hohe Meißner liegt in dichtem Nebel. Sehr leicht könnte ich mich in dieser Situation verirren. So sind mir die zahlreichen und in kurzen Abständen aufgestellten Wegweiser wirklich eine wichtige Hilfe. Bei normalen Bedingungen fände ich diese sicherlich überdimensioniert oder gar überflüssig. Man könnte diese Erfahrung passend übertragen auf die öffentlichen Auseinandersetzungen, die vor dem Hintergrund der gestiegenen Flüchtlingszahlen aufgeworfen wurden: Die zentralen Markierungen zeigen ihre Bedeutung nicht im „Normalzustand", sondern diese müssen so gesetzt und verankert sein, dass sie gerade im Zustand der geistigen Verirrung als Orientierung funktionieren.

Dichter Nebel ist in mehrfacher Hinsicht sehr passend für diesen Berg. Auch die Geschichten und Mythen zu dem, was sich hier 1913 an einem regnerischen, nebeligen Tag auf dem Meißner zugetragen hat, sind nicht so einfach zu durchdringen. Auch wegen dieser Geschichte kam ich hier hoch. Auf einige Kernpunkte hat sich die Geschichtsschreibung geeinigt: Am 11. und 12. Oktober 1913 trafen über zweitausend Jugendliche und Jugendbewegte auf dem Meißner zusammen zu einem „Fest der Jugend", das als „Erster Freideutscher Jugendtag" in die Geschichte einging. Darunter fanden sich auch einige, die später noch Spuren hinterlassen sollten, so etwa Walter Benjamin oder Alfred Kurella, der nach dem Zweiten Weltkrieg die Kulturabteilung beim ZK der SED leitete und Präsident des Schriftstellerverbandes der DDR wurde. Aufgrund der als „heiligen und hohen" empfundenen Stimmung und durch die Berichterstattung darüber hat sich für den zuvor nur Meißner genannten Berg der Name „Hoher Meißner" durchgesetzt. Berühmt wurde die bei dem Treffen verkündete Meißnerformel:

„Die Freideutsche Jugend will nach eigener Bestimmung, vor eigener Verantwortung, in innerer Wahrhaftigkeit ihr Leben gestalten. Für diese innere Freiheit tritt sie unter allen Umständen geschlossen ein. Zur gegenseitigen Verständigung werden Freideutsche Jugendtage abgehalten. Alle gemeinsamen Veranstaltungen der Freideutschen Jugend sind alkohol- und nikotinfrei."

Hinlänglich bekannt und belegt ist die Absicht des Treffens: Es sollte auch eine Gegenveranstaltung sein zu der zur selben Zeit in Leipzig stattfindenden Jubiläumsfeier der Völkerschlacht bei Leipzig. Die abschließenden Worte sprach der 56-jährige Dichter Ferdinand Avenarius: „Gott segne die Freideutsche Jugend. Auf Wiedersehen im nächsten Jahr.“ Da jedoch befand sich die Freideutsche Jugend bereits im Ersten Weltkrieg. Und noch einmal einige Jahre später befanden sich nicht wenige der einstigen Meißnerfahrer im Nationalsozialismus. Und hier verschleiert nun abermals dichter Nebel eine klare Sicht. Bis heute wird darum gerungen, diesen Nebel zu durchdringen. Besonders bemüht hat sich hierzu Christian Niemeyer. Als ausgewiesener Kenner der Jugendbewegung hat er 2013 mit *Die dunklen Seiten der Jugendbewegung. Vom Wandervogel zur Hitlerjugend* eine Personenge-

schichte der deutschen Jugendbewegung vorgelegt. So belegt er zum einen über biografische Verläufe und Haltungen die Kontinuitätslinien zwischen Jugendbewegung bzw. Bündischer Jugend und Nationalsozialismus zweifelsfrei. Zum anderen macht er bestimmte Personen dafür verantwortlich, dass nach 1945 eine Geschichte der Jugendbewegung geschrieben und tradiert wurde, in der systematisch und bewusst das völkische, antisemitische und antidemokratische Erbe der Bewegung verschleiert oder kleingeredet wird. Was bei alldem Nebel dennoch bleibt, ist die ursprüngliche Intention und Geste des Treffens von 1913: Es war eine Kritik an der Enge des Denkens im Kaiserreich.

Bei meinem Spaziergang auf dem Meißner treffe ich auf keine Jugendlichen, sehe überhaupt nur sehr wenige Wanderer. Hingegen kommen Gruppen von Senioren mit dem Auto oder im Reisebus angefahren. Rebellion gegen geistige Enge scheint nicht so sehr deren Anliegen. Aber wahrscheinlich habe ich nur einen ungünstigen Tag erwischt. Beispielsweise 1988, zum 75. Jahrestag des Freideutschen Jugendtages kam es zu einem Treffen auf dem Hohen Meißner, an dem wiederum mehrere Tausend Jugendbewegte teilnahmen und erneut eine Erklärung verabschiedeten: „Mit Betroffenheit verfolgen wir den Weg, auf dem die heutige Zivilisation voranschreitet. Die unverantwortliche Zerstörung der Natur, die Vereinsamung der Menschen und die Abkehr von Qualitäten des Lebens gefährden die Existenz der Erde und ihrer Geschöpfe. In der Suche nach einem neuen würdigen Weg der menschlichen Kultur sehen wir die Aufgabe eines jeden, der der heutigen Zeit gerecht werden will.“ Die in dieser Formel enthaltene Zustandsbeschreibung wäre auch 25 Jahre später nicht weniger zutreffend gewesen – und ist es auch noch heute. Allerdings stand beim 100. Jahrestag im Zentrum der jugendlichen Erregung die Abgrenzung von erneut auftauchenden völkischen und rechtsnationalen Jugendbünden. So bleiben die Ereignisse rund um den Hohen Meißner weiterhin umnebelt. Immerhin so viel lässt die Begegnung mit diesem Ort anklingen: Die Sehnsucht nach einem Ausbruch aus geistiger Enge hat die Menschen schon oft bewegt. Und fast unweigerlich richtet sich der fragende Blick von hier oben auf den gegenwärtigen Horizont: Was ist jenseits von Wirtschaftswachstum und Sicherung von Arbeitsplätzen, jenseits von marktkonformer Demokratie und Kommerz noch zu finden an Ideen und Lebensvorstellungen?

Lebensmittelproduktionsflächen

Mehr und mehr wandere ich durch solcherart Landstriche, die oftmals als „Agrar-Wüste“ bezeichnet werden. Nur ein Beispiel: Drei Kilometer lang gehe ich entlang einem asphaltierten Landwirtschaftsweg, schnurgeradeaus. Die eine Seite unterteilt sich in zwei, die andere Seite in drei Ackerflächen. Ein einziger, spärlicher Gehölzstreifen blieb hier als Saum zwischen zwei Ackerflächen übrig. Ist das noch Landschaft? „Agrar-Wüste“ ist ein durchaus zutreffendes Bild. Diese Dimensionen mit seinen eigenen Schritten zu ermessen, ist ein eindrückliches „Erlebnis“: Dreißig bis fünfzig Minuten dauert nicht selten das Abschreiten eines solchen Ackers. Währenddessen finden sich kaum noch ein paar Acker(un)kräuter. Dennoch mag ich den Ausdruck „Agrar-Wüste“ nicht. Denn er wird meist dann angeführt, wenn es darum geht, eine fragwürdige Inanspruchnahme von wertvollem Ackerland zu rechtfertigen, zum Beispiel für Golfplätze, neue Straßen oder neue Gewerbegebiete. Mehr Beton oder mehr Asphalt führen allerdings nicht zu einer ökologischeren Landwirtschaft, sehr wohl aber zu einem weiteren Verlust landwirtschaftlich nutzbarer Flächen. Zudem trifft es ja auch nicht zu, dass auf diesen „Agrar-Wüsten“ nichts wachsen würde. Ganz im Gegenteil! Diese Lebensmittel-Anbauflächen sind hocheffizient. Diese industrialisierte Landwirtschaft beschert nicht nur uns Verbrauchern niedrige Lebensmittelkosten, sondern sie beeinflusst durch Überproduktion und Export auch die Preise auf dem Weltmarkt und darüber letztlich auch die Wettbewerbsfähigkeit der (traditionellen) Bauern auch auf anderen Kontinenten. Das Wandern entlang von Landwirtschaftswegen führt also mitten hinein in die Diskussionen über die hochtechnisierte Landwirtschaft und um deren globale Verflechtungen. Diese Auseinandersetzungen werden mitunter sehr kontrovers und leidenschaftlich geführt. Die komplexen Zusammenhänge sind dabei nicht einfach zu verstehen – insbesondere für Landwirtschafts-Laien. Wenn aber heute nur noch (etwa) ein Prozent aller Erwerbstätigen direkt in der Landwirtschaft tätig sind, muss die öffentliche Diskussion notwendig so geführt werden, dass sie eben auch für Laien nachvollziehbar wird. Vor diesem Hintergrund empfinde ich es bei meiner Wanderung schon einmal als hilfreich, mittels eigener Anschauung einen direkten Eindruck zu erhalten: Ästhetisch sind solche Areale sehr eintönig, als Landschaft also langweilig. Und wer jemals etwas über den Erhalt der biologischen Vielfalt gelesen hat, erkennt in diesen Flächen in Bezug auf die Umwelt eindeutig ein Negativbeispiel. Zugleich sind aber entlang des mehrtägigen Weges verschiedene Ausprägungen von Landwirtschaft konkret zu sehen und zu vergleichen. Dies entkräftet grundsätzlich solcherlei Argumentationsketten, die die jeweils eigene Position mit angeblich nicht abzuändernden oder nicht zu umgehenden Zwängen erklären: Alternativen müssen prinzipiell denkbar sein, denn verschiedene Ausrichtungen der Landwirtschaft existieren ja bereits jetzt sichtbar nebeneinander. Dies zu beobachten, steigert mein Interesse an der Landwirtschaft. Ich will unbedingt mehr wissen, muss hinzulernen. Warum bloß könnte ich beispielsweise jetzt mehrere Automarken oder Computerprogramme frei aufzählen – jedoch die unterschiedlichen Kuh- oder Schafrassen auf den Weiden kann ich nicht benennen. Ob man die Unterschiede auch schmecken kann? Es gibt so viel zu entdecken.

Monte Kali

21.08. | Ankunft in **Heringen.** Ich stehe vor dem Werkstor zur Halde IV – allgemein auch „Monte Kali“ genannt. Hier bin ich verabredet zu einer Führung, hoch auf die Halde. Und ich werde bereits erwartet: „Horch mal, das ‚Sie‘ ist im Bergbau etwas verpönt. Ich bin Walter.“ Walter in seiner weißen Bergmanns-Uniform passt in die Welt – in diese Welt. Auf meine Frage, ob denn alle Bergleute im Salzbergbau weiße Kleidung tragen, antwortet er mit Bedeutung in der Stimme: „Nein, nur das Aufsichtspersonal.“ Dann kann ja heute nix mehr schiefgehen. Oben angekommen, bleibt das Erlebnis in einer eigenartigen Schwebe. Einerseits ist die Künstlichkeit des Ortes und die Lebensfeindlichkeit des aufgeschichteten Materials omnipräsent. Andererseits hat die Situation vieles von einem Berggipfel-Erlebnis. Fehlt eigentlich nur noch eine Gondelbahn. Die Aussicht ist fantastisch. So erblickt man auch ganz in der Nähe noch eine weitere Salz-Halde. Und noch eine dritte Grube gibt es hier in der Region, erfahre ich von Walter.

Inzwischen gehören alle zu dem Konzern Kali+Salz (K+S). „In den drei Gruben zusammen sind etwa 4500 Mitarbeiter beschäftigt.“ Walter rechnet mir weiter vor: Zählt man die Beschäftigten in den von den Gruben abhängigen Betriebe hinzu, wie beispielsweise Bäcker und Lebensmittelhändler, und dann auch noch die jeweiligen Familienangehörigen der Beschäftigten, so kann man sagen, dass etwa 20.000 Menschen dank Kali+Salz hier leben können. Es klingt wie ein tiefgläubig gesprochenes Glaubensbekenntnis. Und es folgen noch weitere solcher Mantras: „Es gibt keinen reinen Bergbau.“ Das nun klingt ein wenig wie die Absolution nach der Beichte und soll heißen: Wo immer Bergleute etwas aus der Erde holen, entsteht immer auch Abfall – bergmännisch gesprochen „Abraum“. Kein Rohstoff kann in reiner Form, ohne Beistoffe gewonnen werden. Darum gibt es hier diese Halde. „Nur dank dieser Halde kann Kali+Salz weiterarbeiten.“ Schon folgt das nächste Mantra: „Steht das Band, dann steht das Werk.“ Seit knapp vierzig Jahren läuft nun dieses Förderband, schüttet unaufhörlich weitere Salzmassen auf die Halde. Die inzwischen überdeckte Grundfläche misst annähernd hundert Hektar, das entstandene Plateau etwa vierzig Hektar. Der in nur vier Jahrzehnten entstandene „Berg“ erhebt sich 100 bis 250 Meter hoch über der ehemaligen Ackerkrume. Dabei „schmilzt“ der Berg jährlich um sechs bis sieben Meter ab, was jährlich wieder „nachgefüllt“ wird: Auch wenn das aufgeschüttete Steinsalz nach kurzer Zeit steinhart wird, so bleibt es doch wasserlöslich und den Niederschlägen frei ausgesetzt. Rings um die Halde herum müssen daher Sickerwässer kontinuierlich aufgefangen und in große Becken gepumpt werden. Von dort wird diese Salzlösung dann entweder in den nahen Fluss Werra geleitet oder 400 Meter tief in die Erde in eine Kreideschicht (Plattendolomit) verpresst. In diesem Zusammenhang wiederholt Walter mehrfach sein letztes Mantra: „Du darfst nix Schlechtes schreiben über K+S!“ Mit diesen Worten im Nachhall steigen wir von der Halde ab. Es fühlt sich an, als würde man auf vereistem Schnee gehen. Anschließend mache ich mich auf den Weg zum nächsten Hotel. Unterwegs komme ich vorbei an einigen eher unauffälligen Holzhäuschen. Erst die Aufschrift „Kontrollschaft Versenk-Leitung“ verdeutlicht, dass auch diese mit der Kali-Grube in Verbindung stehen.

Schließlich treffe ich auf das Mahnmal Bodesruh. Zwei frei stehende Betonwände tragen eine Aussichtsplattform, die über eine Wendeltreppe erreichbar ist. Am 17. Juni 1964 wurde das Bauwerk geweiht als Mahnmal der deutschen Teilung und als „Heimkehrerdenkmal“. Ein am Bauwerk angebrachtes Relief zeigte damals das geteilte Deutschland in den Grenzen von 1937. Erst 1990 wurden jene Teile abgenommen, welche die ehemaligen Ostgebiete darstellten. So hat das Denkmal nun selbst eine Wunde,

im Beton. Hingegen jene Wunde, auf die es zeigte, diese verwächst allmählich unter dem „grünen Band". Auf dem Stellplatz neben dem Turm parkt ein komfortables Wohnmobil; davor ein Rentnerpaar in Shorts, in Campingstühlen, versteckt hinter aufgeschlagenen Zeitungen, als wollten sie hier ihren gesicherten Lebensabend verbringen. So erhält der Ort eine komische Anmutung, wie so eine Außenstelle eines Campingplatzes. Schon wird das Denkmal zu einem übergroßen Sprungturm, von dem man sich in die Freiheit stürzen könnte, was freilich wie früher mit dem Leben zu bezahlen wäre.

Später komme ich dann noch ins Gespräch mit einem freundlichen Herrn aus Heringen. Er beschreibt mir den Monte Kali als das „Wahrzeichen" dieser Stadt. Na toll, denk ich mir. Oder auch: Haben die Leute hier vielleicht alle Kali gekokst? Welche Wahrheit gab es denn, bevor das Band eingeschaltet wurde? Und welche Wahrheit wird übrig bleiben in dieser Stadt, sobald das Band eines Tages abgestellt wird? Denn jeder Bergbau ist endlich – so lautet ein anderes Mantra. Das „Wasserzeichen der Stadt" wäre eine zutreffende Bezeichnung für diesen Berg. Wie bei einem Geldschein muss man auch hier genau hinschauen, um das Wasserzeichen zu erkennen: Wenn der Berg jährlich um sechs bis sieben Meter „abschmilzt", wird es geschätzt etwa vier oder fünf Jahrzehnte dauern, bis der Berg durch den Regen irgendwann einmal weggespült sein wird. Wer oder was garantiert, dass auch nach Ende der Förderung – also nach dem Ende finanzieller Gewinne – noch über weitere Jahrzehnte die Sickerwässer aufgefangen und behandelt werden? Daran kann man eigentlich nur glauben auf einer Grundannahme, dass sowohl das jetzige Wirtschafts- als auch das Gesellschaftssystem ohne größere Verwerfungen für mindestens weitere fünf Jahrzehnte fortbestehen. Nur: Wer kann das garantieren? Und wer kann daran wirklich noch glauben? Noch nicht ganz vergessen ist die Finanzkrise, als Millionen- und Milliardenvermögen wie Bierschaum dahinschwanden. Und wer könnte die Fortsetzung der jetzigen Welt über weitere fünfzig Jahre überhaupt wollen? Schließlich würde das ja bedeuten, dass noch weitere solche Halden hinzukämen, die dann ebenfalls den Niederschlägen ausgesetzt wären. Wie diese Halde, so werden also auch die Problemlage und das Risikopotenzial kontinuierlich größer, je länger „das Band" noch läuft. Nicht nur hier.

Pilgerherberge: Dann fang ich jetzt mal an

22.08. | **Bodesruh.** Es wird eine recht lange Etappe heute und ich will daher zeitig starten. Beim Frühstück legen mir die Hauskatze und der Haushund quasi gleichzeitig den Kopf gemütlich auf meine Knie. Vor lauter Halskraulen komme ich kaum voran auf meinem Teller. Den Rest von dem üppigen Frühstück solle ich mir einpacken, und dann geht es also los. Aus heiterem Himmel und schon gleich auf den ersten Metern schmerzt ein Fuß bei jedem Auftreten. „Na das wird ja toll heute," denk ich mir. Aber auch: „Geh erst mal vorsichtig weiter. Beim Weitergehen wird der Schmerz dann schon vergehen." So war es bereits zuvor an einigen Tagen (ich will hier ja nicht jedes Wehwehchen breittreten) – und so ist es auch heute wieder. Was für ein Glück und was für eine Erfahrung! Am Abend erreiche ich schließlich Eisenach. Und siehe da: War gar nicht so schlimm; wenn es unbedingt sein müsste, ginge „es" auch noch zwei, drei Kilometer weiter.

In Eisenach übernachte ich zum ersten Mal in einer Pilgerherberge. So stehe ich also vor dem Eingangstor des Diakonissenmutterhauses und während ich noch nach einem Klingelknopf suche, öffnet sich die Türe bereits. Die in der Pforte diensthabende Schwester hatte mich durch eine Überwachungskamera beobachtet, erwartete mich bereits. Big Sister is watching me? Sie sitzt hinter einer dicken Glasscheibe und ein wenig erinnert mich die Situation an einen Bankschalter oder Grenzübergang. Schon werde ich nach meinem Pilgerausweis gefragt. Tja, ich habe keinen. Ob das nun ein Problem sei, ob ich nicht dennoch hier übernachten könne, frage ich so unwissend wie möglich. Als Pilger würde ich doch selbstverständlich einen Pilgerausweis benötigen, lautet die verwunderte Antwort. Mir wird also umgehend ein solcher Ausweis ausgestellt, der auch sogleich seinen ersten Stempel erhält. Was bedeutet dieses Stück Papier, das ich immer noch etwas überrascht nun mein Eigen nenne? Bin ich jetzt ein echter, „beglaubigter" Pilger geworden? Und was war ich dann bloß zuvor? Den Hintergrund, dass ich meinen eigenen, einen atheistischen Pilgerweg verfolge, lasse ich jetzt erst einmal unerwähnt. Die freundliche Schwester begleitet mich sodann zu den Räumlichkeiten für die Pilger. Alles scheint neu saniert, macht einen hellen und sehr freundlichen, sauberen Eindruck.

Ich erhalte ein paar Hinweise und werde den bereits zuvor eingetroffenen Pilgern vorgestellt – als Anfänger. Herrlich! Nach bereits etwa 550 zurückgelegten Kilometern und nach der heutigen Tagesetappe von 33 Kilometern werde ich dann also bald mal anfangen.

Wartburg – Gebaute Erinnerung

23.08. | **Eisenach.** Der Weg hinauf zur Wartburg ist alle paar Meter mit einer Geschichtstafel zu Martin Luther markiert. Bekanntlich verweilte er hier einige Zeit. (Der sächsische Kurfürst Friedrich der Weise fürchtete um das Leben Luthers und ließ ihn zu dessen Sicherheit auf die Wartburg entführen. Hier hielt sich Luther dann zehn Monate lang unter dem Namen „Junker Jörg" versteckt.) Besondere Bedeutung erhielt dieser Aufenthalt durch die während dieser Zeit von Luther erarbeitete Übersetzung des Neuen Testaments ins Deutsche, was als sein Hauptwerk betrachtet wird. Da verwundert es nicht, wenn bei dem 500-jährigen Reformationsjubiläum *Luther2017* auch der Wartburg eine größere Rolle zukommt. Eine besondere Bedeutung hat dabei zweifelsohne das „Lutherzimmer", gleichwohl in dem einstigen, spartanisch eingerichteten Quartier nicht viel zu sehen ist: Allein der Fußschemel ist original erhalten, ein Walfisch-Wirbelknochen. Seltsam genug. Besonders markante Spuren der Zeit zeigt aber die Wandvertäfelung dieser Kammer: Zahlreiche Besucher haben ihre Initialen in die alten Holzbretter eingeritzt, was diesen eine eigenartige Patina verleiht und auch etwas über die Geschichte dieses Raumes erzählt, eben über die Zeit nach Luther. Ich allerdings widerstehe dem Impuls, meine Initialen zu hinterlassen.

Bereits Johann Wolfgang von Goethe gab die Anregung, die Wartburg als Museum zu gestalten. Und ab 1853 erfolgte der Umbau bzw. Wiederaufbau der Burg. So wurde beispielsweise der Bergfried wieder aufgebaut, der in den Jahrhunderten zuvor abgebrochen worden war und der heute das Erscheinungsbild der Burg sehr stark prägt. Auch die besonders beeindruckenden Mosaiken in der Elisabethkemenate wurden erst in den Jahren 1902–06 von dem Maler und Mosaikkünstler August Oetken erschaffen.

Dieser Raum erinnert nicht an Luther, sondern an die Landgräfin Elisabeth von Thüringen – welche insbesondere von der katholischen Kirche verehrt wird. (Als ihr Gemahl Ludwig IV. von Thüringen 1227 bei einem Kreuzzug ums Leben kam, widmete sich Elisabeth einem Leben in Armut und im Dienst an den Armen und Kranken, wofür sie nur wenige Jahre nach ihrem frühen Tod heiliggesprochen wurde.) Meine Aufmerksamkeit indessen stolpert über die sehr unauffällige elektrische Ausleuchtung der Elisabethkemenate. Die Stromleitungen sind alle unsichtbar und ohne Spuren unter Putz verlegt, stammen aber wohl kaum aus der Zeit um 1900. Diese Wände bilden also alte Zustände ab, zeigen selbst aber keine Spuren der Zeit. Dies erzeugt eine merkwürdige Atmosphäre, als wäre der Raum tot oder tiefgefroren – extraterrestrisch. Als Besucher steht man zwar mitten im Raum, ist zugleich aber doch unerreichbar von diesem distanziert. Was also ist es, was die zahlreichen Touristen aus aller Welt hier täglich besichtigen? Ist dies ein originaler Ort der Geschichte? Oder handelt es sich bei der Wartburg doch eher um eine gebaute, dreidimensionale Darstellung von Geschichte – hinter der sich jeweils auch eine gezielte Absicht verbirgt? Das, was man manchmal „das kollektive Gedächtnis“ nennt, hat an diesem Ort eine katholische und eine protestantische Ausprägung. Jede Konfession hat dabei ihre „Figur“, mit der sie die Geschichte der Wartburg auf besondere Weise in Anspruch nimmt. Und dann gibt es da auch noch die Geschichts-Folie des Wartburgfestes von 1817, das von der Jenaer Burschenschaft anlässlich des 300-jährigen Reformationsjubiläums initiiert wurde. Dieses Ereignis markiert diesen Ort mit der Forderung nach demokratischen Bürgerrechten, nach Freiheit und Gleichheit aller Deutschen, aber zugleich auch mit einer Bücherverbrennung und mit offen artikuliertem Antisemitismus. „Bei Fackellicht wurden Dummheiten gesagt und getan, die des blödsinnigsten Mittelalters würdig waren!“, urteilte seinerzeit Heinrich Heine. Im Rahmen einer Burgführung ist im großen Festsaal die Fahne der Jenaer Burschenschaft zu sehen. Die Fahne wird dabei besprochen als „das Wichtigste in diesem Raum“; der Festsaal selbst geschildert als „Historismus in seiner vollendetsten Form“. Man ahnt es schon, die Bücherverbrennung und die antisemitischen Drohungen, die mit dem Wartburgfest einhergingen, bleiben während der Führung völlig unerwähnt. Die sprachlich brillante und fundiert wirkende Touristenführung verkürzt die Wartburg auf ein Symbol für „900 Jahre positive deutsche Geschichte“, auf eine anekdotenreiche, unterhaltsame Pseudo-Geschichtsstunde. Das ist es also, was hier oben zu besichtigen ist: Die Geschichtsschreibung wird sichtbar als eine Konstruktion, die je nach Großwetterlage von Interessen beeinflusst oder schon auch einmal neu geschrieben wird. Bezeichnenderweise erscheint mir bei meinem Besuch just die Kammer der Eseltreiber als der am ehesten noch authentisch gebliebene Raum. Er verbindet sich mit keiner großen Erzählung, steht eher für die Geschichte des ganz „kleinen Mannes“, die nur selten in Büchern festgehalten wurde, obgleich auch er an jedem Fürstenhof zugegen war. Dass auch heute noch am Fuße der Wartburg eine Eselstation anzutreffen ist, böte eine lebendige Gelegenheit, die Lücken der Geschichtsschreibung darzulegen, was jedoch nicht genutzt wird.

Nach „900 Jahren positive deutsche Geschichte“ habe ich erst mal genug gehört und ziehe mich zurück in mein „Lutherzimmer“ im Wartburghotel. Nach der letzten Übernachtung in der Pilgerherberge in Eisenach gönne ich mir heute eine Nacht auf der Burg. Allerdings vermisse ich im Zimmer den Fußschemel. Nun ja, Walfischwirbel sind heutzutage vermutlich nicht so leicht zu bekommen wie ein Flachbildfernseher, der mir hier allerdings denkbar überflüssig erscheint. Das „Fernsehen“, das sich hier bietet, wenn man durch das Fenster schaut, also das Sehen in die Ferne

über die Wälder hinweg, das ist hier das Besondere. Wie wohl Luther aus seiner Kammer heraus über diese Wälder geblickt hat?

Früh am Morgen bin ich der erste Gast beim Frühstück und für eine halbe Stunde habe ich die Burg für mich alleine. Nur schon dafür hat sich die Übernachtung hier oben gelohnt. Bei der anschließenden Schlüsselrückgabe wird mir ungefragt angeboten, ich würde sogleich zum Parkplatz zu meinem Auto gefahren – es beziehen wohl nur wenige Wanderer hier ein Quartier. Und so spüre ich beim Verlassen des Hotels für einen Moment auch eine Nähe zur Landgräfin Elisabeth: Auch sie kam mit dem gesteigerten, höfischen Luxus auf der Wartburg nicht zurecht und kehrte ihm den Rücken. Ich bin nun richtig heiß darauf, wieder zu gehen, Strecke zu machen. Was allerdings nicht so recht gelingt. Viel zu oft muss ich stehen bleiben, um den Wald und den Weg zu fotografieren. Und mein Kopf hinkt enorm hinterher. Während meine Beine wieder flott auf dem Rennsteig wandern, ist mein Kopf immer noch auf der Burg: Wie würde sich wohl Friedrich der Weise heute verhalten? Angenommen er wäre unser Bundespräsident – würde er dann beispielsweise Edward Snowden im Schloss Bellevue verstecken? Und welcher jener Orte, die ich bislang aufgesucht habe, werden Eingang finden in das kollektive Gedächtnis (oder werden kollektiv vergessen werden)? Vielleicht die Forster Linde, die schon ein stattlicher Baum war, als Luther das Neue Testament übersetzte? Oder der ausrangierte Atomreaktor in Jülich? Die Salzhalde bei Heringen?

LebensGut Cobstädt

27.08. | Pilger finden in **Cobstädt** eine freundliche Herberge. Das ist überraschend, denn Cobstädt ist klein. Üblicherweise wird eine Häuser-Ansammlung dieser Größe als Dorf bezeichnet – doch gibt es das bei uns überhaupt noch: ein Dorf? Allein der Umstand, dass einige Häuser in räumlicher Nähe beisammen stehen, macht ja noch kein Dorf. Auch in Cobstädt gibt es – wie in fast allen sogenannten „Dörfern" unserer Zeit – kein Lebensmittelgeschäft, keinen Bäcker, keinen Schlachter, keinen Friseur, keine Gaststätte etc. Und doch leben die meisten Einwohner einen modernen, im Prinzip städtischen Lebensstil. Die am Ort fehlenden Angebote und Funktionen werden mittels privatem Pkw individuell „importiert" aus der nächstgelegenen Stadt. Wer dazu nicht (mehr) selbst in der Lage ist, benötigt auch bei den grundlegendsten alltäglichen Besorgungen permanent Hilfe. Orte mit solcher Struktur haben nur begrenzte Entwicklungsperspektiven – sofern man die gängigen, städtischen Lebensstile als Maßstab zugrunde legt.

Immerhin, Cobstädt könnte wieder ein Dorf werden. Das LebensGut Cobstädt arbeitet daran. Derzeit etwa zwanzig Erwachsene und sechs Kinder gehören zu dieser Gemeinschaft, die verteilt auf sechs alte Höfe im Ort leben. Die Wohnformen variieren von alleinstehend bis Wohngemeinschaften, erzählt mir Thomas Penndorf. Er hatte sich 2004 für die Gründung des LebensGutes wesentlich engagiert. Um eine gewisse Vielfalt zu fördern, wirtschaftet jeder Hof zunächst für sich eigenständig, doch gibt es starke Verbindungen und Kooperationen zwischen den Höfen. So werden etwa Maschinen und Fahrzeuge gemeinsam genutzt. Ein vom LebensGut initiiertes Projekt kam mir auf meinem Weg hierher bereits zugute: Eine besonders schmackhafte Birne, die ich von einem noch jungen Baum am Wegesrand pflückte. Diese Birne war eine jener alten und seltenen Obstsorten, die entlang dem Ökumenischen Pilgerweg gepflanzt werden. Eintausend verschiedene Obstbäume sollen es einmal werden. Überhaupt ist der Erhalt alter Gemüse- und Obstsorten, die Bewahrung der Kulturpflanzenvielfalt für Thomas Penndorf ein wichtiges Anliegen – „um es nicht Monsanto und Co zu überlassen". Ansonsten sind in Cobstädt inzwischen entstanden: „eine Baumschule, eine eigenständige

Gärtnerei, Naturerlebnispädagogik, Sozialarbeit, eine Schmiede, eine Imkerei, ein Landwirtschaftsbetrieb, eine Backstube und Wirtschaftsküche, ein im Aufbau befindlicher Schaugarten, eine Holz- und Künstlerwerkstatt, eine umfangreiche Tierhaltung von Schafen, Ziegen, Ponys, Hühnern und eine Käserei" (Selbstdarstellung LebensGut). Auch ein kleiner Hofladen wurde im Ort eröffnet. Und die Gemüsewerkstatt Grünschnabel verkauft die in Cobstädt angebauten Bioprodukte auch auf dem Markt im nahen Erfurt. Ebenso wird der im LebensGut hergestellte Ziegenkäse dort verkauft. Auf diese Weise entstehen wieder unmittelbare, für den Einzelnen nachvollziehbare Stadt-Land-Beziehungen – wenn auch in kleinen Schritten: Der enorme Sanierungsbedarf der genutzten Gebäude springt einem regelrecht ins Auge. Auch mit viel Geld wäre das immer noch eine große Aufgabe. So empfinde ich während meines Besuchs das am meisten Bemerkenswerte die Zuversicht und das Selbstvertrauen, mit welchem hier versucht wird, einen unabhängigen Weg in die Zukunft zu finden. Und obwohl damit bereits alle genügend Aufgaben hätten, wird jährlich gemeinsam ein „Fest der Kulturen" gestaltet, bei dem sich die eingesessenen und die neu hinzugekommenen Menschen der Region kennenlernen sollen. Ich selbst bin für einen halben Tag zu Gast, erhalte hierüber

zwangsläufig nur einen vagen Eindruck. Aber schon dabei ist zu spüren, dass die Menschen hier einen Traum haben – jenseits bloßer Besitzstandswahrung. Und sie versuchen, ihrem Traum näher zu kommen, auch ohne dass sie über Millionen verfügen. Ein Jahrzehnt sind sie damit nun schon durchs Leben gekommen.

Thüringen 2023 & ff.

31.08. | **Weimar.** Viele schauen in dieser Stadt vor allem zurück, in die Geschichte. Den Touristen werden Ausstellungen präsentiert zu „Dichter und Denker", zur Bauhaus-Moderne oder auch zu Zeugnissen der NS-Zeit. Doch es gibt auch den Blick nach vorne, in die nahe Zukunft. Darum bemüht sich insbesondere die Internationale Bauausstellung (IBA) Thüringen. Diese verfolgt offene Fragestellungen (wie sie auch entlang des Denkweges immer wieder auftauchen): „Wie verändern sich Städte, Dörfer und Landschaften in Zeiten von Klimawandel und der Urbanisierung von Lebensstilen? Was bedeuten Globalisierung und Digitalisierung für die Raumentwicklung und die Lebensentwürfe? Welche neue Verbindungen zwischen Stadt und Dorf, Siedlung und Landschaft, Mensch und Natur müssen entwickelt werden, um dem demografischen Wandel zu begegnen und mit Ressourcen sparsam und nachhaltig umzugehen?" (IBA Thüringen; Faltblatt Stadtland Sommer 2015)

Mehr als die Hälfte der insgesamt etwa zwei Millionen Thüringer Bürger leben in Gemeinden unter tausend Einwohnern. Da ist es nur folgerichtig, wenn die IBA mittels neuer „Stadt-Land-Allianzen" Antworten auf diese Fragen zu entwickeln versucht und diese im Zeitraum bis 2023 modellhaft umsetzen möchte. Während meiner Wanderung sind mir die Herausforderungen ständig begegnet (nicht nur in Thüringen): Orte ohne Läden, ohne Gaststätten etc., aber mit viel Leerstand. Am Rande solcher Orte stößt man nicht selten auf einen Agrar-Großbetrieb, der mitten in Thüringen zum Beispiel Milch für „Bayernland" produziert. Oder man kommt durch Eigenheim-Baugebiete, in denen die Doppelgaragen fast so viel Grundfläche beanspruchen wie die eigentlichen Häuser.

Hör mal: Resilienz

04.09. | **Schlöben.** Anfangs hatte ich diesen Ort nicht vorgesehen in meiner Routenplanung, die Einladung von Nikolaus Huhn habe ich aber ohne Zögern angenommen. Zu sehr interessieren mich seine Begegnungen und Entdeckungen entlang seinem „Hörenden Fußmarsch". Sechzig Tage wanderte er mit einem selbst gebauten „Ohrenwagen" durch Thüringen und ging dabei (ebenfalls) einer Fragestellung nach: Was machen die Menschen, wenn heutige Selbstverständlichkeiten vielleicht einmal nicht mehr selbstverständlich sind? Und sei es nur, dass die Stromversorgung mal für eine Woche ausfällt? Beschäftigt das die Leute? Haben sie dazu etwas zu sagen? Die Frage, die Nikolaus Huhn in kleinen Schritten, aber doch über 1200 Kilometer weit durch das Land führte, beschreibt er selbst so: „Was machen wir, wenn Faktoren, die unser Leben auf hohem Niveau stützen, einmal einknicken oder wegbrechen, und sei es auch nur zeitweise? Dabei geht es mir überhaupt nicht darum, Schwarzmalerei zu betreiben oder den vielen gescheiterten Weltuntergangsszenarien ein weiteres hinzuzufügen. Im Gegenteil, mich interessiert der nüchterne Blick auf die Abhängigkeiten und Verletzbarkeit unserer Gesellschaft und die

Frage, wie wir uns in Thüringen robuster aufstellen können." Die Wissenschaften haben für diese Robustheit längst einen Fachbegriff geprägt: Resilienz. Zur Veranschaulichung dieses etwas sperrigen Wortes ziert ein „Stehaufmännchen" den Ohrenwagen: Egal in welche Richtung und wie weit man die birnenförmige Figur zur Seite drückt, stets richtet sich diese alleine aus eigener Kraft wieder auf. Den wenigsten Menschen, denen der hörende Fußmarsch begegnete, war der Begriff Resilienz bereits geläufig. Dies ist leicht nachvollziehbar – wer beschäftigt sich schon gerne mit der Zerbrechlichkeit der eigenen Komfortzone. Nur Drehbuchautoren von Katastrophenfilmen tun solches mit Leidenschaft. Und doch kamen Nikolaus Huhn zahlreiche Dinge „zu Ohren", die einen leichten Zugang zu dieser Herausforderung eröffnen (und die er in seinem Buch *Thüringen in kleinen Schritten* dokumentiert hat). Beispielsweise an der Straßenbahnhaltestelle Melchendorf in Erfurt: „In einer kleinen Bude aus Stangen und Planen steht auf Tischen und Regalen ein buntes Sortiment aus frischem Obst und Gemüse, selbst Angebautem, Eingekochtem, Marmeladen, sauer Eingelegtem und allem, was der Garten so hergibt. Dahinter steht drall und zufrieden die Gärtnerin, die das alles zusammen mit ihrem Mann auf ihren Beeten und Feldern im Stadtgebiet anbaut. [...] Hier wird vermutlich auch noch gegärtnert und eingekocht, wenn der Euro, das Sozialversicherungssystem oder die Erdölförderung mal schwächeln."

Überwiegend fanden sich eher kleinere Projekte, die auch noch weiter funktionieren, falls eines der großen Systeme einmal ausfallen sollte. Zu Letzteren zählen beispielsweise das Wasser und die kommunale Wasserversorgung mit dem zugehörigen Wassereinzugsgebiet. Diese Flächen und Areale unterliegen nicht ohne Grund einem besonderen Schutz, denn werden diese durch negative Umwelteinwirkungen verschmutzt, kann es je nach geologischen Verhältnissen Jahrzehnte dauern, bis das Grundwasser wieder rein ist. Auf ein Lehrstück in Resilienz-Politik stieß der hörende Fußmarsch in der Stadt Heiligenstadt. Diese erhielt das Angebot, Fernwasser aus Göttingen und dem Thüringer Wald beziehen zu können. Das hätte der Kommune die Chance eröffnet, bestehende Wasserschutzgebiete aufzulösen, um dort beispielsweise Gewerbe anzusiedeln. Trotzdem hat man sich gegen das Fernwasser entschieden – und erhielt sich damit eben die Unabhängigkeit durch eine eigene, regionale Wasserversorgung.

Sorge-Landschaft

06.09.–08.09. | **Ronneburg, Seelingstädt, Zwickau.** Von Gera aus wandere ich durch das Gessental in Richtung „Neue Landschaft Ronneburg". An sich ist dies ein schöner Spazierweg. Auffällig und seltsam sind allerdings die Warnschilder, die in dichter Folge direkt neben dem Gessenbach aufgestellt sind. Darauf ist zu lesen: „ACHTUNG! Bis auf Weiteres ist wegen der Sanierungstätigkeit der Wismut GmbH das Schöpfen von Wasser, das Baden und das Tränken von Tieren untersagt." Nun, das sage dann auch einmal jemand den Vögeln, den Kröten und den anderen analphabetischen Tieren. Die konnten auch nicht lesen, was in der Zeitung geschrieben stand: „Schwermetallhaltiges Wasser floss jahrelang aus dem Wismut-Revier in das Bett des Gessenbachs. Momentan werden neue Drainageleitungen verlegt, um das in Zukunft zu verhindern." (Ostthüringer Zeitung; 11.09.2015) Es wird noch viel Wasser den Gessenbach hinablaufen, bevor die Neue Landschaft Ronneburg „ent-sorgt" sein wird – also irgendwann einmal ohne Sorge einfach sich selbst überlassen werden kann. Bis dahin ist eine kontinuierlich erforderliche Umwelt-Sorge für diese Landschaft charakteristisch, ohne dass daraus ein unmittelbarer Gewinn oder Mehrwert

erzielt würde. Es handelt sich hier also um einen ganz besonderen Typus von Kulturlandschaft: eine Sorge-Landschaft. Die Gestaltung und Bewirtschaftung wird dabei dominiert von der Sicherung bzw. Wiederherstellung ganz zentraler, an sich ganz selbstverständlicher Umweltanforderungen; hier also sauberes Wasser. Darüber kann auch eine Bundesgartenschau nicht hinwegtäuschen, die hier im Sommer 2007 stattfand.

Entlang von drei Tagesetappen, beginnend im Gessental über Ronneburg, Seelingstädt bis Zwickau, stoße ich immer wieder auf Kontrollbrunnenschächte, auf abgesperrte Deponien und Sanierungsstandorte der Wismut. So, als hätte das Land eine Art Fleckenkrankheit. Diese Sorge-Landschaft einmal zu durchschreiten, verdeutlicht deren räumliche Dimension, auch wenn man dabei stets durch Zäune und Werkstore aus den jeweiligen „Flecken“ als Unbefugter ausgesperrt bleibt. Ersichtlich wird jedoch auch von außen, dass die Sanierungsarbeiten immer noch nicht abgeschlossen sind. Ebenfalls zu erkennen ist dabei, dass die gefundenen „Lösungen“ an vielen Stellen bereits repariert und nachgebessert werden: Da und dort wurde wieder etwas aufgegraben, sind improvisierte Wasserrohre verlegt, wurden Zäune ausgebessert. Ganz offensichtlich verläuft hier die Geschichte nicht nach Plan. Das ist es, was man hier als Wanderer beobachten kann – woraus man sich aber dann doch keinen Reim machen kann. Es bleibt letztlich undurchschaubar. Ebenso bleibt der eigentliche Kern dieser „Neuen Landschaft“ nicht ablesbar: Uran. Ohne entsprechendes Vorwissen bleibe auch ich als Wanderer im Verhältnis zu dieser „Realität“ nur ein analphabetisches Lebewesen. Nur wer um die Vorgeschichte Uran weiß, bringt diese Flecken-Landschaft mit der großen Weltgeschichte in Verbindung – mit der sowjetischen Atomrüstung, dem Kalten Krieg und auch mit dem Atombombentestgelände Semipalatinsk in der Steppe Kasachstans: Hier wurde das Uran aus der Erde geholt, dort explodierte es in die Luft. Trotz dieses gewaltigen Wahnsinns hat die Menschheit bis heute überlebt. Würde ich an Wunder glauben – dieses müsste ich als das größte betrachten.

Eine erst vor wenigen Tagen fertiggestellte Kapelle erinnert an die Uran-Geschichte dieser Landschaft. Dies kleine Bauwerk „spricht“ mit einer eher leisen Stimme, versucht, sich in die Topografie einzufügen. Ganz anders hingegen das weithin sichtbare, auf dem Gipfel der nahen

„Schmirchauer Höhe“ thronende Zeichen, das in Form einer überdimensional nachgebildeten Grubenlampe das Pathos des Bergmannwesens in die Weite hinausruft. Und doch scheint im Ergebnis der Bergbau-Traditionsverein Wismut mit diesem Erinnerungs-Mal eher ein Vergessen zu befördern: Man kann dieses Zeichen auch lesen als deutliches Symptom einer chronischen Umwelt-Amnesie. Es ist ein Irrlicht. Es umhüllt die Arbeit des Bergmanns mit einer besonders aufgeladenen Aura. Das mag ja durchaus berechtigt sein, behindert aber leider eine abgeklärte und kritische Auseinandersetzung mit den langfristigen Nachwirkungen und Nebenfolgen des erfolgten Bergbaus.

Nachhaltigkeit aus Tradition

13.09. | Von **Freiberg** aus kommend, gelange ich in den Tharandter Wald. Über mehrere Kilometer gehe ich immer schnurgeradeaus weiter auf einem breit ausgebauten Forstweg. Ist das noch Wald? Etwas gelangweilt erreiche ich schließlich den Ort Tharandt. Das kleine Städtchen ist gekennzeichnet durch eine stark ausgeprägte Topografie und durch die stark befahrene Straße, die den lauten Verkehr entlang dem engen Tal mitten durch den Ort führt – keine leichte Lage. Umso bemerkenswerter sind die Dinge, die mir hier auffallen: Das alte Bahnwärterhäuschen, das als solches nicht mehr genutzt wird, zeigt sich in liebevoll saniertem Zustand und dient an den Wochenenden als Veranstaltungsort und Café (der Kuchen schmeckt lecker). Ein Bio-Laden und ebenso ein Secondhandshop sind heutzutage an sich keine Besonderheiten mehr; in einem Ort dieser Größe aber schon. Ebenso das Mehrgenerationenhaus *Kuppelhalle Tharandt*, welches Angebote für alle Generationen unter einem Dach zusammenbringt. Dann stoße ich noch auf ein weiteres Projekt, wie man es ebenfalls eher aus Großstädten kennt: Ein eher unscheinbares, (noch) graues Haus wird gegenwärtig saniert, was augenscheinlich mit einem hohen Anteil durch Eigenarbeit erfolgt. Wie ich später erfahre, ist das Haus im Eigentum der „Wohnbesitz GmbH“. Diese „Firma“ wurde eigens für dieses Hausprojekt gegründet. 51 % der Anteile gehören dem „Hausverein“, der aus den Mietern besteht: Sechs Erwachsene und zwei Kinder teilen sich die etwa 200 qm Wohnfläche. Die restlichen 49 % steuerte das „Mietshäuser Syndikat“ bei und unterstützte hierdurch den Hauserwerb wesentlich. Bundesweit wurden auf diese Weise bereits annähernd hundert Hausprojekte realisiert. Jedes Hausprojekt agiert autonom, rechtlich selbstständig in der Rechtsform der GmbH. Allen Projekten gemeinsam ist der kollektive Wunsch nach einem Haus mit bezahlbaren Räumen, in dem es sich selbstbestimmt leben lässt, das nicht durch Hausverkauf oder Umnutzung latent bedroht ist, dem nicht irgendwann die Zwangsräumung oder Abrissbirne winkt (Quelle: syndikat.org). Nach vorne denken auch die Menschen auf der Johannishöhe in Tharandt. Zwei Familien leben hier in einer Gemeinschaft. Mit der von ihnen angebotenen „selbstbestimmten Bildungsarbeit“ möchten sie einen bewussten und respektvollen Umgang mit der Erde vermitteln. Dabei geht es zum Beispiel um Saatgutvermehrung, um Getreidevielfalt in der Küche, mithin um eine „enkeltaugliche Landwirtschaft“, bei welcher anstatt kilometerweiter Monokulturen die Landschaft wortwörtlich wieder erblühen soll, damit Bienen und andere Insekten reichlich Nahrung finden können.

Warum begegne ich gerade in dieser Kleinstadt gleich mehreren sozial innovativen Projekten? Sicher hängt dies mit der TU Dresden zusammen, deren Fachrichtungen Umweltwissenschaften und Forstwissenschaft hier angesiedelt sind: „Sie finden Nachhaltigkeit modern? Wir auch – seit 300 Jahren“ verkündet ein großes Werbebanner an dem neuen Fakultätsgebäude. Tatsächlich ist die Geschichte der Nachhaltigkeit eng verwandt mit der Geschichte der Forstwirtschaft: Immer dann, wenn es dem Wald schlecht ging, also wenn kein Holz mehr zu ernten war, besannen sich die Menschen eines Besseren, begannen, so viel nachzupflanzen, wie sie ernteten (Quelle: wald.lauftext.de; Die Wissenschaft ging in den Wald). Hier in Tharandt hat die Forstwissenschaft eine ihrer frühesten Stätten. Der 1811 gegründete Forstbotanische Garten Tharandt versammelt inzwischen etwa 1700 Arten. Wer ihn besucht, will anschließend mehr erfahren über die Wälder, den Forst und auch über die „Dannensäher“. So beispielsweise über Max Robert Preßler, einen früheren Dozenten der Forstschule Tharandt, der noch die Lehre vom „Holzackerbau“ predigte – mit der Maßgabe, damit möglichst schnell Geld zu erwirtschaften. Jene alten prächtigen Bäume, bei denen kein starker Wuchs und mithin auch kein Wertzuwachs mehr zu erwarten sei, die aber jungen Bäumen Licht und Platz streitig machen würden, kanzelte er ab: „Weg mit den faulen Gesellen!" Damals erstarkte das Denken in Nadelholzplantagen, jenen stramm ausgerichteten Fichten-Monokulturen, die unzureichend resistent sind gegen Schädlinge und Windwurf und deren langweilige Einfalt ich beispielsweise auf dem Weg nach Tharandt durchwanderte.

Zentralwerk bohrt Beton-Bretter

16.09. | **Dresden.** Ich treffe zusammen mit André Hennig. Er betreut die Öffentlichkeitsarbeit des Projektes Zentralwerk. Zwischen Bauschuttcontainern und Staubfahnen begegnet er mir so lässig unkompliziert, wie dies bei kulturellen Initiativen üblich ist. Weniger üblich ist der Umstand, dass hier ein Kostenrahmen von sechs Millionen Euro gemeistert wird. Der Anfang geht zurück auf das Jahr 2005: „GeisteswissenschaftlerInnen, MusikerInnen, FilmemacherInnen, TänzerInnen, Architekten, Handwerker, Techniker und bildende KünstlerInnen etablierten [...] ein Mischkonzept aus Wohnen und Arbeiten" und schlossen sich zusammen zu dem Kulturverein *friedrichsstadtZentral e. V.* In einer alten Buchbinderei in der Dresdner Friedrichstadt fanden sie die gesuchten, günstigen Arbeitsräume. Bald entwickelten sich auch kulturelle Projekte, die positiv auf die Entwicklung des Stadtteils wirkten. 2013 wurden diese Projekte mit dem Förderpreis der Stadt Dresden ausgezeichnet – und alsbald wurde die genutzte Immobilie verkauft. Sollte damit die Kulturinitiative erfolgreich scheitern – das Ende auf Sichtweite? Der Verein befand, „das Konzept aus Wohnen, Arbeiten und kultureller Produktion ist tragfähig, transferierbar und erhaltenswert", und beschloss, einen neuen Standort zu erschließen. Anfang des Jahres 2015 war es dann so weit, wurde die ehemalige Waffenfabrik von der Stiftung Trias Cooperation erworben und per Erbpachtvertrag auf 99 Jahre an den Verein verpachtet. Und durch diese Baustelle stapfen wir jetzt. Der Verein organisiert nun die Sanierung und Vermietung

der entstehenden Ateliers, Werkräume und Wohnungen. So „entsteht zu einem Drittel Raum für Wohnen und zu zwei Dritteln Raum für Ateliers, Gewerbe, Ausstellungsflächen und Kunstproduktion. Die Überlagerung der Bereiche ist der zentrale Bestandteil des Projekts: Privates und Profession, Kunst und Alltag werden vereint. Damit das entstandene Netzwerk weiter wachsen kann, bietet die Genossenschaft die Mietflächen nicht profitorientiert, sondern kostendeckend an und sorgt für eine Beständigkeit, die für frei gestaltete Räume in einer aufstrebenden Stadt immer seltener wird." (Quelle: zentralwerk.de) Bereits während der Umbauphase gibt es Lesungen und schon vor Ende des Jahres sollen erste Ateliers nutzbar sein. Der ehemalige Ballsaal soll ebenfalls schon bald für kulturelle Veranstaltungen geöffnet werden.

Mit viel Kapital kann das jeder „Developer" – aber so können es nur Verwegene. Mit anderen Worten: Das Zentralwerk ist für jeden Dresden-Besuch das „must have seen", eine Aussicht in die Zukunft.

Von Brache zu Brache

17.09. | **Dresden.** Genau zwei Monate bin ich nun unterwegs und es gibt nur wenig, was ich vermisse. Kein Fernsehen, keine Tageszeitung. Und ganz sicher kein Radio. Regelrecht befremdlich erscheint mir inzwischen das Ritual der stündlichen Wiederholung der selben Kurznachrichten, die aber doch spätestens in der nächsten Woche ins Reich des Vergessens abgedrängt sein werden. Die durch die Medien, Sondersendungen und sozialen Netzwerke eingeträufelte Aufgeregtheit, die üblicherweise auch ich täglich „zu mir nehme", sie erreicht mich seit Beginn der Wanderung zunehmend weniger. Wobei ich es durchaus als etwas befremdlich empfinde, diesen Entzug an mir selbst zu beobachten – und ich suche daher nach Erklärungen: Beim Wandern erfährt man eine Fülle von unmittelbaren Eindrücken, macht ganz direkte, eigene Beobachtungen, erfährt neue Situationen und auch Begegnungen mit fremden Menschen. Zumeist ist der Tag damit reichlich ausgefüllt. Somit verspürt man nur wenig Verlangen nach noch Weiterem. Oder man verkriecht sich gar in eine stille Ecke, um den Nachhall der Erlebnisse noch möglichst lange ungestört auszukosten. Hinzu kommt: Im Kontrast zu den ganz unmittelbaren, eigenen Beobachtungen scheinen die von den Tagesnachrichten vermittelten „Topics" oder „Breaking-News" eine andere Realität zu beschreiben. Ein Bezug zwischen den Meldungen und den eigenen Erlebnissen lässt sich nicht immer gleich erkennen. Bezeichnenderweise just in Dresden, vor dem Hintergrund der wöchentlichen Lügenpresse-Krakeele, kommt es zu einer bemerkenswerten Überschneidung aus eigener und medienvermittelter Weltbeobachtung:

Auf dem Weg zum Ausstellungsgelände Ostragehege fällt mir ein eigenartiger, breiter Hügel auf. Inmitten der weiten Flussaue, nahe der Elbe, kann dies nur eine künstliche Anhäufung sein. (Unter der Grasnarbe türmt sich der Schutt der kriegszerstörten Stadt.) Ich folge einem schmalen Trampelpfad durch die struppige Vegetation hinauf auf das Plateau. Verteilt über das Gelände verweilen mehrere kleine Grüppchen im Gras. Viele von ihnen sind leicht als Flüchtlinge zu erkennen. In dieser offenen Brachfläche, in dieser Randzone der Stadt, ausgerechnet auf einem Trümmerberg, haben sie scheinbar einen Ort gefunden, an dem sie unbehelligt sein können.

Ein ganz ähnliches Bild sehe ich erneut und nur kurze Zeit später in der Ausstellung *Ostrale*. Die hierin versammelten Arbeiten von Künstlern aus aller Welt umkreisen unter dem Titel *Handle With Care* die Auseinandersetzung mit dem Verfall bzw. dem Erhalt unserer Welt. Meine Aufmerksamkeit wird insbesondere gefangen von dem Film *Vergiftete Geschenke*. (Der Film ist im Internet leicht zu finden.) Der Blick der Kamera schwenkt über eine weite Brachfläche zu einer Gruppe von Menschen, die denen am Rande des Dresdner Ausstellungsgeländes sehr ähnlich sehen. Doch diese Filmszene „spielt“ im Senegal und sie berichtet davon, dass dieses Brachland vormals aus fruchtbaren Feldern bestand, über tausend Hektar, einst bewirtschaftet von dreitausend senegalesischen Kleinbauern, die alle das Land verlassen haben. Die Erklärung hierfür findet der Film auf einem lokalen Markt im Senegal, beispielsweise auf der Suche nach den Zutaten zu dem traditionellen Nationalgericht: Der Reis stammt aus Thailand, die Tomaten und Zwiebeln aus Holland. Bereits seit vierzig Jahren ist Holland der größte Zwiebelexporteur; von der holländischen Zwiebelproduktion werden nur noch zehn Prozent im Land selbst konsumiert; beinahe die ganze Ernte wird exportiert in sechzig Länder weltweit. Mit diesen Strukturen hat das Diktat des globalisierten Welthandels die Existenzen unzähliger Kleinbauern zerstört – nicht nur im Senegal. Aus der Europäischen Union exportiertes Milchpulver findet der Film beispielsweise auch in einem Supermarkt in Burkina Faso: Dort kostet für einen Liter Milch benötigtes Pulver umgerechnet dreißig Cent – zu diesem Preis ist Milch selbst in ganz Europa wohl nirgendwo zu kaufen. Auch hierbei wird den lokalen Bauern die Existenzgrundlage entzogen.

Der bereits 2007 veröffentlichte Film erklärt in neunzig Minuten sicherlich nicht alle Umstände, die zu den aufgezeigten Verhältnissen geführt haben. Doch seinem Fazit kann man kaum widersprechen: „Noch ist nicht abzusehen, wann der Strom der Migranten abreißt, die sich in brüchigen Holzkähnen auf den waghalsigen Weg, auf den Weg ins gelobte Land machen. Nicht Stacheldraht oder die Boote der Küstenwache können die Boatpeople stoppen, sondern nur die Aussicht auf eine menschenwürdige Zukunft im eigenen Land“. Der Vorsitzende der Bauernvereinigung Burkina Faso, Francois Traoré, bringt es zum Ende des Films noch deutlicher auf den Punkt: „Und ich sage euch, es gibt noch eine Hoffnung.

Denn unsere Armut wird euch nerven und den Westen ermüden. Denn ihr seht ja, massenhaft kommen unsere Menschen nach Europa. Sie überfluten euren Kontinent. Und deswegen sage ich euch: Gerechter Handel ist ein Handel, der erlaubt, dass ihr zu Hause eure Ruhe habt und unsere Jugend euch nicht stört. Dass unsere Jugend hier bleibt, um zu arbeiten. Das ist wirklich gerechter Handel im Sinne der Menschen."

PS: Die EU-Landwirtschafts-Exporte sind auch 2015 weiter angewachsen, so auch für die Produkte Magermilchpulver und Butter. Und einschlägige Studien prognostizieren ein weiteres starkes Exportwachstum zum Absatz des EU-Milchüberschusses.

Screenshots aus *Vergiftete Geschenke*

Auf dem Malerweg

18.09.| Ab der Ortschaft **Rathen** im sächsischen Elbtal folge ich dem Malerweg. Dieser führt zu atemberaubenden Landschaftsszenen; gleich zu Anfang auf die bekannte „Bastei". Es ist durchaus amüsant zu erleben, welche Mixtur an Besuchern sich hier beinahe auf die Füße tritt: Die einen schnaufen mit Wanderstock die zahlreichen Treppenstufen herauf, die anderen schlendern mit Selfi-Stick vom nahen Reisebusparkplatz heran. Ich selbst befinde mich zwangsläufig mittendrin in diesem Trubel und stehe aber dennoch meist in der ersten Reihe in diesem großartigen Landschaftskino. Die Szene ist erhaben genug, dass sie diesen Rummel einigermaßen unbeschadet erträgt. „Landschaft ist doch eine der besten Erfindungen überhaupt", kommt mir dabei in den Sinn. Und bezeichnenderweise waren es Maler und Poeten, die uns diese Perspektive eröffneten. Bekanntlich entsteht ja die Landschaft erst im Blick auf dieselbe: Der geschulte Blick verwandelt die geschaute Gegend in eine Landschaft. Die

Landschaftsmaler haben es ihrem Publikum beigebracht, wie man „Schönheiten aus der Landschaft heraussieht, welche das Auge des Künstlers hineingesehen hat“ (Wilhelm Heinrich Riehl). Hier in der Sächsischen Schweiz waren die Maler sehr produktiv und erfolgreich: Die Bastei ist der meistbesuchteste Ort aller deutschen Nationalparks. Inzwischen wäre es also höchste Zeit, dass die Künstler neue, heute noch latente Landschaften entdeckten, damit sich der Andrang vermutlich etwas verteilen würde. Und so wie das heutige Elbsandsteingebirge bis in die Mitte des 18. Jahrhunderts lediglich als „Böhmische Wälder“ gesehen wurden, gibt es vermutlich auch heute noch nicht geschaute Landschaften – gleich neben der Haustür.

Einstweilen: Wie zu erwarten, wird es nur wenige Minuten hinter dem Parkplatz rasch wieder sehr ruhig und der Wald nimmt mich gefangen. Und er ist voller Geister. Im Moment sind diese alle versteinert und erscheinen recht pittoresk – aber vielleicht können sie ja ihren Aggregats-Zustand auch ändern?

Permahof Hohburkersdorf

18.09. | „Permakultur ist der Versuch, einen guten Platz zum Leben zu schaffen, an dem es sowohl den Menschen als auch den Tieren und Pflanzen gut geht“ – mit diesen knappen Worten erklärt mir Frank Eichler seine Philosophie. Er gründete zusammen mit seiner Frau Lucia Volk den Permahof in Hohburkersdorf (einem Ortsteil von Hohnstein). Ein wichtiges Standbein und zentrales Anliegen des Permahofs ist die Umweltbildung, beispielsweise für Schülergruppen aus Berlin und anderen Großstädten. Nicht selten kommt es dabei vor, dass Jugendliche während ihrem Aufenthalt zum ersten Mal in ihrem Leben einen Wald erleben oder auch ein Schüler ein Rapsfeld nicht als solches erkennt. Insbesondere die Begegnung mit Tieren ist hierbei auch wichtig: Alpaka, Lama, Esel und zwei Wollschweine sind die Stars auf dem Permahof.

Ich übernachte in einem umgerüsteten Bauwagen. Ohne elektrisches Licht und ohne Stromanschluss wird es hier sehr schnell sehr ruhig, nur

die beiden Schweine sind gelegentlich noch zu hören. Nach der anstrengenden, aber fantastischen Tagesetappe durch die Schluchten des Elbsandsteingebirges ist das hier genau das Richtige. Noch nie auf meiner Wanderung war ich so weit außerhalb der gewohnten Welt wie in dieser Nacht. So wurde es doch noch eine Fernreise.

Stolpern zwischen Natur und Kultur

19.09. | **Hohburkersdorf.** Früh wache ich auf, verlasse den zu einem Schlafplatz ausgebauten Bauwagen, stapfe durch die taunasse Wiese, vorbei an den beiden Wollschweinen, denen ich noch ein paar Äpfel über den Zaun werfe. Und so geht es los, der noch tief stehenden Sonne entgegen, mit bereits triefnassen Schuhen, entlang einer weiteren Etappe auf dem Malerweg. Rasch zieht mich die Landschaft in ihren Bann. Warum bin ich nicht schon vor Jahren hierher gekommen, frage ich mich immer wieder.

Später folgt mir in kurzem Abstand eine größere Gruppe mit mehreren Kindern, die sehr lebendig auf dem Weg unterwegs sind, sich lautstark zurufen und gegenseitig kommandieren. Ich versuche schneller zu gehen, Abstand zu gewinnen. Da ich aber immer wieder einige Fotos mache, holen sie mich sogleich wieder ein. Also gehe ich extra langsam, lasse mich zurückfallen. Doch schon folgt die nächste Gruppe, nun mit zwei Kinderwagen, die sie mühsam über Stock und Stein zerren. Schließlich wechselt der Weg in einen befestigten breiten Waldwirtschaftsweg. Und schon kommt auch ein Auto angefahren, vermutlich ein Vater, der seine Familie einzusammeln versucht. Dann die nächste Familienausflugstruppe, nun auch mit Rollator. Nein – das habe ich nicht gesucht im Nationalpark; auf diesem Weg bin ich definitiv falsch. So schnell wie möglich will ich ihn verlassen. Die Karte zeigt auch zahlreiche alternative Wege – nur: Wo sind die? Bislang ging kein Weg ab. Da, endlich, finde ich ein kleines Zeichen neben einem schmalen Pfad, der vom Hauptweg rechtwinklig abzweigt. „Ein sehr kleines Wanderzeichen“, denke ich mir noch, als kurz darauf der Pfad unversehens beinahe senkrecht abfällt. „Nee, da gehe ich ganz gewiss nicht lang!“ Also zurück, wieder auf den breiten Weg. Wenige Minuten später sehe ich einen weiteren abzweigenden, schmalen Pfad. Eine Menge Äste liegen quer über dem Weg, der ansonsten geheimnisvoll einladend

ausschaut. „Einen Versuch noch wagen!“ Und schon, ZACK, haut es mich hin, der Länge nach. Eine Schlaufe meines Schnürsenkels blieb in einem der querliegenden Äste hängen und hielt so meinen Fuß fest. Am Tag vierundsechzig meiner Wanderung gehe ich also tatsächlich doch noch zu Boden. Meine Handflächen und ein Knie spüren den Sturz, doch Schmerz kann man es noch nicht nennen. Ich hatte Glück: Der Waldboden hier ist weich, keine Steine, kein Gefälle, was in diesem Gebiet ausgesprochen selten anzutreffen ist. „Da könnte jetzt selbst der härteste Atheist zum Zweifler werden“, schießt es mir in den Sinn: „Warum stolpere ich auf dem kilometerlangen, steinigen Weg ausgerechnet in dem Moment, da dieser für nur wenige Meter über weichen Untergrund führt? Einfach nur Glück gehabt? Ein echter Pilger würde sich jetzt bei seinem Schutzengel bedanken. Aber soll da etwa im Moment des Fallens irgendetwas rasch noch Steine beiseitegeräumt haben? Oder war das etwa alles vorherbestimmt? Also von langer, übermenschlicher Hand geplant? Wurde ich womöglich absichtlich hierher geführt, damit ich dann genau an dieser Stelle unausweichlich zu Fall kommen würde? Ach, alles Quatsch!“ Aber wie auch immer – wer nicht sehenden Auges erblindet ist, wird in einem solchen Moment von Fragen überwältigt, auf die es vielleicht nie eine Antwort geben wird: Warum begegnet mir, was mir begegnet? Warum geschieht, was geschieht?

Doch jetzt erst einmal weiter. Nach kurzer Strecke wird der Weg sehr steil, aber er ist noch zu bewältigen und auch deutlich als genutzter Pfad zu erkennen. Danach gelange ich an eine Wegbiegung, die dicht an einer etwas überhängenden Felswand entlangführt. So kann man diesen Pfad – zur anderen Seite geht es schräg nach unten – nur etwas gebückt passieren, zumal mit Rucksack auf dem Rücken. Immerhin: Die geheimnisvollen und abgeschiedenen Szenen belohnen meinen Mut. Doch dann, erneut fällt der Pfad senkrecht ab. Zurück! Nach oben! Die Orientierung ist schwierig und nach wenigen Minuten stehe ich vor einer senkrechten Felswand; ich habe den Weg verloren. Ich habe mich verirrt. Ausgerechnet jetzt bringt sich mein Knie in Erinnerung, nach schon zwei misslungenen Versuchen, den Weg zurückzufinden. „So, jetzt hast du die Natur und Abgeschiedenheit, die du so sehnlich gesucht hast.“ Nein, im Moment will ich einfach nur hier weg, wieder zurück auf den breiten Weg, zurück zu den anderen.

„Erst mal hinsetzen, durchatmen, konzentrieren." Und der dritte Versuch führt mich dann auch zurück auf den breiten Wanderweg. Keine dreißig Minuten später erreiche ich die Kinderwagen bei einer gut besuchten Ausflugsgaststätte. Weiter geht es von hier über schier endlose Treppen steil hinunter. Unten angekommen, stoße ich auf eine große Wandertafel, auf welcher die Wegzeichen erklärt sind. Und erst jetzt erkenne ich: Ich war einem Zugangspfad zu Kletterfelsen gefolgt. Dieser ist nur für Bergsteiger bestimmt. Wer Zeichen lesen kann, ist eindeutig im Vorteil – sei es in der Natur oder in der Zivilisation.

Auf den nächsten Metern bin ich nun eindeutig wieder in der Zivilisation unterwegs: Der Wanderweg führt auf eine unübersichtliche Straße, die in Kurven durch das schmale Tal führt. Kein Gehweg! Sobald sich ein Auto nähert – alle fahren ziemlich schnell –, weiche ich zur Seite, so weit es möglich ist. Dies geschieht ziemlich oft, in kurzen Abständen. „Wo ist es denn nun wohl gefährlicher? In der Natur oder in der Zivilisation?"

Zittau

22.09. | Nach etwa neun Wochen Wandern komme ich nun also an bei Z wie Zittau. Das Z steht somit also nicht für Z wie Ziel – denn der Weg, das Unterwegs-Sein war ja von vornherein das Ziel. Dieses hatte ich somit bereits tagtäglich erreicht.

Doch nun zu Zittau; wie in vielen besuchten Orten, so wird auch hier sogleich eines deutlich: Diese Stadt hat es nicht leicht. Zahlreiche alte Häuser zeigen deutliche Anzeichen der Vergänglichkeit. Wiederum andere, „historische Gebäude" erscheinen in fein saniertem Zustand, so als könnte ihnen die Zeit nichts anhaben. So ungefähr trifft dies auch zu auf das Objekt, das seit einigen Jahren als das ganz großes Thema die touristische Selbstdarstellung dieser Stadt bestimmt: das Große Fastentuch.

Da es sich eben so geziemt, schaue auch ich mir diese Attraktion an. Mich erinnert das Fastentuch sogleich an die von Michael Thomson beschriebene *Theorie des Abfalls*. Nach dieser Theorie vollzog das Fastentuch wiederholt eine fantastische Verwandlung: Von einem vergänglichen Objekt wechselte es in den Status Müll, um letztlich doch noch ein unvergängliches Objekt zu werden. Und das ging so: 1472 wurde das Zittauer Tuch von einem „unbekannten Meister" erschaffen und diente dazu, während der Fastenzeit den Altarraum zu verhängen. In dieser Phase war es ein „vergängliches Objekt" und es besaß einen nur mittelmäßigen Wert. Dies lässt sich nachlesen in dem Buch, das in der Ausstellung ausliegt: „Die Fastentücher gehören zu den zeitlich begrenzt genutzten liturgischen Einrichtungen einer Kirche. Daher ist ihre künstlerische Qualität von Einfachheit gekennzeichnet. Oft haben sie einen volkstümlichen Charakter. Das ist auch beim alten Zittauer Tuch der Fall. Sein malerischer Wert ist nicht der höchste."

Dann, eines Tages, wechselte das Objekt seine Kategorie: Es wurde zu Abfall. Wie in der Ausstellung zu hören ist, bewertete Martin Luther die Fastentücher als „päpstliches Gaukelwerk". Nicht etwa durch Abnutzung, sondern durch eine veränderte kulturelle Bewertung wurde das an sich nach wie vor brauchbare Tuch wertloser Abfall. Und wer weiß, möglicherweise hatte es sogar negative Eigenschaften bekommen; vielleicht war es zur betreffenden Zeit gar besser, in der Kirche war kein Fastentuch auffindbar. (In einem ähnlichen Sinne, wie man im Juni 1945 besser kein NS-Parteiabzeichen besaß.) Dies würde erklären, warum das Zittauer Tuch außerhalb der Kirche versteckt wurde und lange Zeit als verschollen galt. In dieser Phase war das Fastentuch vermutlich noch gut erhalten, jedoch komplett ohne Wert, nicht sichtbar und quasi nicht mehr existent. Eine

markante Verwandlung erfolgte mit Ende des Zweiten Weltkrieges, als russische Soldaten das Tuch fanden – und darin ein brauchbares Baumaterial erkannten. Sie zerteilten das Tuch und verwendeten es im Wald für die Einrichtung einer Sauna. Durch diese Nutzung wurde die Malerei auf dem Tuch sehr stark beschädigt, wurde in Teilen sogar fast unkenntlich. Als später ein Holzsammler in der Sauna das Zittauer Tuch entdeckte, wurden die Teile geborgen – und wiederum eingelagert. Erst nach der politischen Wende 1989 gelangte die Nachricht über das wieder aufgefundene Tuch und über den 1945 erfolgten „Kulturfrevel" an die Öffentlichkeit und sorgte für Furore. Die Schweizer Abegg-Stiftung klassifizierte das Tuch als ein „Kunstwerk von Weltgeltung“ und restaurierte es aufwendig. Eigens wurde in Zittau die Kirche zum Heiligen Kreuz zu einem Museum umgerüstet. In dieser „größten Museumsvitrine der Welt“ ist das Fastentuch seit 1999 nunmehr nicht nur zur Fastenzeit, sondern das ganze Jahr über zu besichtigen – nicht etwa als ein malerisch wenig anspruchsvolles Ersatzbilderwerk für den verhängten Altar, sondern als alleinige Attraktion dieses Museums, als „einzigartig in Deutschland und bedeutend für Europa“ (zitiert aus Werbeprospekt).

Was aber sehen denn nun die Betrachter in der Ausstellung? Folgen sie möglicherweise lediglich einem inszenierten Ritual (dem auch ich brav folgte), als dass sie tatsächlich etwas erkennen? Wird ihnen, wie Luther behauptete, etwas vorgegaukelt? Worin liegt denn nun die Besonderheit? Ich beispielsweise würde mir für die viel ältere und tatsächlich lebendig erhaltene Forster Linde in Aachen eine solche Aufmerksamkeit eher wünschen. Und doch: Mir gefällt dieser Kultur-Trick, durch den etwas Vergängliches zunächst Abfall und schließlich zu etwas Unvergänglichem wird.

So wäre dieser Ort an sich ein schöner Schlusspunkt für meine Wanderung. Ich will es mir aber nicht nehmen lassen, abschließend noch die wenigen Kilometer bis zum Dreiländereck Deutschland-Polen-Tschechien zu gehen. Große Nationalflaggen und die Europaflagge markieren diesen Ort. Eine Brücke über die Neiße an dieser Stelle wäre ein schönes Zeichen.

Weg oder Ziel ?

Sooo oft hat man es gelesen, gehört, auch selbst gesagt: Der Weg ist das Ziel. Dies ist eine geläufige, fast schon abgedroschene Redewendung. Da tut es gut, beim Wandern einmal wieder selbst direkt zu erleben, wie zutreffend er ist, dieser gelehrte Spruch, diese Binsenweisheit, dieser Gemeinplatz. Und oft kommen mir während dem Gehen eigene Variationen davon in den Sinn: Der Weg braucht kein Ziel. Oder: Auf dem Weg ist im Ziel. Der Weg genügt sich selbst. Ziele sind nur dazu da, damit Wege entstehen. Kurz: Der-Weg-ist-das-Ziel ist eine universelle Wahrheit! Uneingeschränkt gilt diese allerdings nur bis etwa 14 Uhr oder 15 Uhr. Spätestens ab 18 Uhr ist es mit dieser dann ganz vorbei – da will man den Weg nur noch hinter sich wissen, alles Sehnen gilt dem (Tages-)Ziel. Doch am nächsten Morgen ist alles wieder in seiner richtigen Ordnung. Frisch geht es wieder auf den Weg und von Neuem rinnt die Erkenntnis „Der Weg ist das Ziel" durch die Sanduhr – in der Gewissheit, das diese Wahrheit wiederum mit der nächsten aufgehenden Sonne zurückkehren wird.

Ich finde große Freude daran, immer wieder ein Foto des begangenen Weges zu machen. Allerdings ist den Fotos das tägliche Wechselspiel zwischen Weg und Ziel nicht anzusehen. Das lässt sich eben nicht dokumentieren oder festhalten. Die Fotos zeigen immerhin einige – und ausschließlich – Wegabschnitte, auf denen ich von A nach Z gegangen bin. Sie zeigen eine Spur. Und sie geben einen Hinweis auf die schier unermesslich vielfältige Gestalt, in welcher sich Wege zeigen. „Must have walked" könnte man sagen – diese Wege muss man einmal gegangen sein.

Wege

K
Wanderweg
SGV
K

verboten!
Belastung:
2,0 kN/m²

Tiere

Wald

In den Wäldern sind
Dinge, über die
nachzudenken,
man jahrelang im
Moos liegen könnte.
(Franz Kafka)
Jugendwaldheim Meißner
Schutzgemeinschaft Deutscher Wald
Bund zur Förderung der Landespflege
Kreisverband Werra - Meißner

Letzter Blick
Huber-Weg
um Salamanderstein

Kritische Landschaft

Rote Zone
EXTREME MUNITIONSBELASTUNG !
ABSOLUTES BETRETUNGSVERBOT !
Bundesrepublik Deutschland
Der Eigentümer
STADT TROISDORF
Der Bürgermeister

Gast

Gehen durch die kritische Landschaft

„Wege werden vorwärts gegangen, aber rückwärts verstanden", lautet eine alte Wanderweisheit. In diesem Sinne unternimmt dieses Essay ein Nachdenken über Landschaft – gleichsam ein Gedankengang entlang einer neunwöchigen Wanderung, der letztlich bei der Europäischen Landschaftskonvention angelangt. Die auf dem Weg eingesammelten Eindrücke und Anregungen werden hier um einige der Literatur entnommenen Aspekte und Argumente ergänzt. Von besonderem Interesse ist die Überlagerung der Wahrnehmung von Umwelt und der davon zu unterscheidenden Wahrnehmung von Landschaft.

In Fortbewegung ...

Landschaftstheorien und -begriffe gibt es bereits viele. (Sie werden hier nicht rekapituliert.) Ebenfalls kennen wir zahlreiche unterschiedliche Landschaftstypen. Einige zentrale Momente scheinen hierbei allen Landschaftstheorien als eine Art Common Sense zu eigen und auch auf alle Landschaftstypen zutreffend. So wird Landschaft stets gleichgesetzt mit einer räumlichen Ausdehnung – sie lässt sich somit nur aus der Bewegung durch diesen Raum heraus erfahren.[1] Gleichwohl sind zwar Fernblicke und geschaute Panoramen wichtige Schlüsselelemente, doch kommt die Wahrnehmung von Landschaft damit alleine nicht aus. Vielmehr sind die Wege beispielsweise zu den Aussichtspunkten und die Bewegung durch die im Panorama geschauten Gegenden hindurch evident für die Landschaftserfahrung. Neben dem Sehen kommen hier auch die anderen Sinne zum Zug. Insbesondere im Gehen entlang der Wege wird Landschaft zu mehr als Schauen, zu einem alle Sinne umfassenden Erlebnis. „Ohne die Erfahrung durch die Unmittelbarkeit unserer Sinne könnten wir Landschaft als kulturelles Geschehen nicht erfassen. Erst wenn wir uns in die Landschaft hineinbegeben, können wir sie wirklich begreifen."[2] Wenn aber für dieses Begreifen die Bewegung so zentral von Bedeutung ist, so gilt dies für das Nachdenken über Landschaft erst recht: Wer zu den Theorien über Landschaft etwas beitragen möchte, muss in dieser notwendig auch physisch unterwegs sein – zu Fuß, versteht sich. Das Weiter-Denken von Landschaft wird durch Gehen in dieser befördert. Schriftgelehrte suchen sich besser ein anderes Feld.

… durch die Gemengelage

Der Audio-Künstler und „Sonic-Journalist" Peter Cusack sammelt „Sounds from Dangerous Places". Unter der Fragestellung, was wir von gefährlichen Orten lernen können, indem wir deren Klänge hören, versammelt er bemerkenswerte „Field-Recordings", so beispielsweise die Tonaufnahme „Chernobyl frogs".[3] Zu hören ist ein „Froschkonzert", wie dieses an vielen Orten der Erde zu vernehmen ist – allein die zusätzliche Information „Chernobyl" lässt uns in besonderer Weise aufhorchen. Die idyllischen Naturgeräusche passen nicht zusammen mit unserem Bild der dortigen Umwelt-Katastrophe. Noch deutlicher wird dies bei dem Soundstück „Cukoo and Radiometer Pripyat", bei welchem der Ruf des Kuckucks vom hektischen Knattern des Geigenzählers überlagert wird. Hierbei kollidiert unsere Landschafts-Wahrnehmung mit unserer Umwelt-Wahrnehmung. Mit anderen Worten: Kann eine zerstörte *Umwelt* zugleich eine idyllisch-schöne *Landschaft* sein?

Im Alltag wird uns nur selten bewusst, dass es sich bei Landschaft und Umwelt um zwei voneinander zu unterscheidende Betrachtungsweisen handelt. Kompliziert ist die Sache schon daher, da sowohl Landschaft wie Umwelt jeweils ein Konstrukt bezeichnet – eine je spezifische Art und

Weise, wie wir die Welt wahrnehmen. Mehrfach wurde es bereits beschrieben: Stark vereinfacht lässt sich das Bild der Landschaft durch die ästhetische Perspektive des Städters auf das Land der Bauern charakterisieren. Der spazierende Städter hat kein direktes Interesse am Ertrag eines konkreten Ackers, von dem er sich unabhängig glaubt (da er auf dem globalen Markt immer etwas kaufen kann). Hingegen wählt er aus der Fülle der Eindrücke und Ereignisse bestimmte Erscheinungen aus und fügt diese im Kopf zu dem Gesamtereignis Landschaft zusammen. Dabei ist sein Blick ein kulturell vermittelter: Was in die Landschaft passt und was nicht, was für eine Landschaft als typisch oder aber als störend gilt, das wurde uns beigebracht durch Schule, Medien und Werbung. Also sehen wir „im Allgemeinen nur das, was wir zu sehen gelernt haben, und wir sehen es so, wie der Zeitstil es fordert".[4] Die Kuhfladen gehören mit zur Landschaft, die weggeworfene Coladose aber nicht.[5] Ähnlich und zugleich aber auch grundverschieden ist unser Blick auf die Umwelt. Auch dieses Bild entsteht im Kopf: So wie wir nur jene Landschaft erkennen, die wir zu lesen gelernt haben, sehen wir auch Umwelt anhand von Zeichen, die uns durch Umweltbildung und Medien als solche vermittelt wurden. So beispielsweise werden Streuobstwiesen erst mit dem Wissen um deren ökologische Wertschätzung so richtig schön. Frei laufende Hühner, so haben wir gelernt, sind glückliche Hühner – und daher schön. Der Anblick positiv bewerteter Umweltaspekte lässt eine Landschaft also noch schöner werden. Hingegen können wir eine offensichtlich zerstörte oder bedrohte Umwelt nicht unbefangen zugleich als eine Landschaft betrachten. Beispielsweise ein noch so idyllischer See „fällt aus"[6] für diese Perspektive, wenn auf dessen Oberfläche zahlreiche tote Fische und bunt schimmernde Ölschleier treiben. Sobald wir einen Landstrich, die Luft, das Grundwasser oder ein Gewässer als geschädigte oder gefährdete Umwelt wahrnehmen, können wir schlechterdings nicht interesselos sein – hierbei fürchten wir um unsere Lebensgrundlage, von der wir ganz direkt abhängen. Aber „wer sich fürchtet, kann über das Erhabene der Natur gar nicht urtheilen"[7], wurde schon von Kant festgestellt. Und: Die Umweltrisiken, beispielsweise hinterlassene Altlasten, verrostende Atommüllfässer oder durch Tsunami gefährdete Atomkraftwerke, sie existieren tatsächlich und unabhängig davon, ob wir diese Risiken wahrnehmen oder vergessen oder verleugnen.[8]

Noch einmal: Wie weit können wir eine Gegend, in welcher uns Anzeichen zerstörter oder bedrohter Umwelt begegnen, zugleich auch als eine schöne oder erhabene oder pittoreske Landschaft betrachten? Wo beispielsweise steht man auf dem Gipfel der Salzhalde „Monte Kali" – in der Landschaft oder in der Umwelt? Oder was schauen wir in der Weite der Braunkohlentagebaue bei Köln: Ist dies der besorgte Blick auf abgegrabene Heimat und freigesetztes Treibhausgas oder vielleicht doch der ästhetische Blick auf die Landschaft Wüste (die wir, da mitten in Deutschland anzutreffen und mensch-gemacht, vielleicht noch nicht zu lesen gelernt haben)? Leicht empfindet man die Begegnung mit solchen Arealen, gerade im Modus des Wanderns, als eine Verlusterfahrung und man möchte „Klage erheben oder sentimental den Verlust einer Erfahrung bedauern, derer wir nicht mehr habhaft werden können".[9] Doch lauert hier eine Falle, worauf uns der Kulturhistoriker und Soziologe Gerhard Lenz hinweist: „Indizien einer sich unaufhörlich wandelnden Nutzung des Raumes bestimmen zwar unsere Wahrnehmung des Veränderungsprozesses, offenbaren aber wenig über seine Bedingtheit und komplexe Entwicklung."[10] Lenz fordert uns dazu auf, zu fragen, wie es zu den Veränderungen kam, welche ökonomischen, sozialen oder kulturellen Interessenlagen sich jeweils durchzusetzen wussten – und welche beabsichtigten und unbeabsichtigten Folgen und Nebenfolgen sich dabei einstellten. Wenn wir nicht auf dem Niveau jener Magazine wie „Landlust" oder „Mein schönes Land" stagnieren wollen, so ist eben eines nicht zu vergessen: Landschaft ist transitorisch.[11] Dies meint, dass wir in jeder Gegend, die wir als Landschaft aufsuchen, stets auf einen Zwischenzustand treffen, stets eine durch den Menschen bereits beeinflusste Umwelt antreffen und deren weitere physische Veränderung wir als Zeitzeugen bemerken. Dies gilt gerade auch für die „Großelternlandschaft"[12], die wir oft suchen, aber vielerorts nur noch in Relikten erkennen, deren Gerätschaften und Werkzeuge nur noch in Heimatmuseen und Zeitschriften anzutreffen sind. Auch diese Welt war eine geschichtlich gewordene, bei deren Durchsetzung ebenfalls vielfach Ausprägungen und Landschaftselemente der wiederum vorangegangenen Bewirtschaftungsweisen verloren gingen. Diese Spuren gelangen nicht selten überhaupt erst im Prozess des Verschwindens aus der Sphäre des Selbstverständlichen, werden oftmals dann erst als bedeutungsvoll beachtet. Neu sind allerdings die Dimensionen der stattfindenden Umwandlungsprozesse und der Grad ihrer globalen Verflechtungen. Vor dem Hintergrund des Klimawandels, im Bewusstsein des Zeitalters des „Anthropozäns“, erscheint die Sehnsucht nach der „Großelternlandschaft“ dann doch etwas eigenartig oder gar antiquiert. Zeitgenössisch für uns ist doch eher die Sorge um eine „enkeltaugliche Umwelt“, die wir nicht zuletzt auch in der Landschaft suchen und erkennen wollen. Oder anders, mit den Worten von Erhard Kästner formuliert : „Warum reist man? Man reist, um die Welt bewohnbar zu finden. Denn dass sie nicht mehr bewohnbar sei, ist ein Verdacht, der aufkommt.“[13]

Gehen, um zu verstehen

Wanderer verstauen ihr Gepäck nicht nur im Rucksack, auch im Kopf tragen sie einiges mit sich durch die Gegend: vorgeprägte Landschaftsbilder und gelerntes Umweltwissen. Beides versuchen sie während der Tour mit der aufgesuchten Realität abzugleichen – und insbesondere auch zu erweitern, durch Wissen, das sie mittels dem Wandern unmittelbar für sich generieren. Wandern dient also auch dem Erkenntnisgewinn.

Um dies so zu sehen, bedarf es allerdings eines erweiterten Erkenntnisbegriffs, wonach dann nicht mehr ausschließlich den „objektiven“ Wissenschaften eine Gültigkeit als Methode der Wissensgenerierung und Welterschließung zugesprochen wird. Neben den zahlreichen Praktiken, die seit einiger Zeit unter der Klammer „künstlerische Forschung“ verhandelt werden, ist hier eben das Wandern – oder allgemeiner: das Gehen – schon länger von besonderer Relevanz. Die eigene körperliche Bewegung durch die Welt eröffnet wie kaum eine andere Methode den Zugang zu einem Verständnis von Raum, das dabei auf dem unmittelbaren, körpereigenen Maßstab basiert. Die durchschrittene Gegend wird hierbei nicht nur mit der körpereigenen Geschwindigkeit, dem eigenen Zeit-Raum-Maßstab vermessen, sondern en passant werden eine Vielzahl an zufälligen Begebenheiten und Dingen bemerkt. Die auf diese Art gewonnenen Einsichten sind mit physikalisch-geografischen Längenangaben in Metern und Kilometern ungefähr so vergleichbar wie Äpfel mit Kartoffeln. Keine der beiden Welt-Beschreibungen ist dabei „richtiger" oder per se relevanter. Die Strecken-Angabe in Längeneinheiten ist lediglich eine allgemein nachvollziehbare, dauerhaft gültige Feststellung. Dahingegen wäre etwa eine „Messung" einer „Ereignisdichte je Kilometer" von nur einmaliger Gültigkeit und auch eine von vielen zufälligen Faktoren beeinflusste Feststellung. Aber dennoch kann eine solche Angabe durchaus relevante Aspekte von „Wahrheit" vermitteln, die andersherum nicht über eine physikalische Längenangabe ausgedrückt werden kann. Keine der beiden hier nebeneinandergestellten Einsichten kann die andere ersetzen oder wäre irgendwie mit der anderen verrechenbar – jede Feststellung hat auf ihre Weise einen Sinn und Wert.

Das Gehen führt zu einer Begegnung mit der Welt, die charakterisiert ist durch eine „Fülle der Merkmale"[14]. Gerade in dieser erlebten Vielfalt zeigt sich ein wesentliches Merkmal der Landschafts- und Welterfahrung. Dieses Charakteristikum lässt sich aber nicht durch Abstraktion oder durch eine begrifflich-rationale Beschreibung oder gar mit einer „gerichtsfesten Beweisführung" verlustfrei vermitteln oder dokumentieren. Vor diesem Umstand argumentiert der Philosoph Jens Badura für eine grundsätzliche „Revision der Wissensordnung". Nach seiner Argumentation bedarf es „zusätzlicher und zugleich als legitim erachteter Praktiken zur In-Geltung-Setzung von Erkenntnisbehauptungen".[15] Hierzu unterscheidet er zwischen dem als wissenschaftlich anerkannten Beweismodus des *Nachvollzugs* und dem einzuführenden Modus des *Mitvollzugs*. Nachvollziehbarkeit beruht dabei auf dem Anspruch, „eine Erkenntnisbehauptung auch unabhängig von Person, Ort und Zeit überprüfen zu können – weshalb es nötig ist, die Behauptung entsprechend zu formalisieren". Die Bemühung um Formalisierung zum Zwecke einer wissenschaftlichen Nachvollziehbarkeit führt dann aber regelmäßig dazu, dass die „Fülle der Merkmale", die die unmittelbare Begegnung mit der Welt zu einem wesentlichen Anteil ausmacht, reduziert wird auf einen engen Canon von allgemein als wissenschafts-relevant anerkannten Kriterien. Für ein Nachdenken über Landschaft ist eine allein solcherart verstandene Wissenschaftlichkeit nicht hilfreich. Badura plädiert daher für den Modus des Mitvollzugs: „Konkret müsste ein auf Mitvollzug basierendes Beweisverfahren daher die Präsenz der Forschungsgemeinschaft einfordern können – also eine Teilnahme am

Moment, in dem dasjenige einsichtig wird, was in der Erkenntnisbehauptung indiziert ist."[16]

Ein Beispiel für eine im Modus des Mitvollzugs durchgeführte Forschung zeigt sich in der von Judith Specht vorgelegten Arbeit *Fernreisen und Pilgern in Europa*. Specht untersucht darin die Frage, „was immer mehr Menschen dazu bringt, mit Rucksack und Wanderschuhen ihres Weges zu gehen". Ihr Interesse zielt also auf die Motive der Weitwanderer und Pilger. Die von ihr angewendete Methode bezeichnet sie als ambulatorische Wanderforschung: „Das lateinische Verb ambulare bedeutet reisen, hin- und hergehen, wandern. Die ambulatorische Wanderforschung beinhaltet, sich den in den Focus genommenen Wanderern nicht nur zu nähern, sondern sie auf ihrem Weg zu begleiten. Dazu ist zwingend erforderlich, dass auch der oder die ForscherIn wandernd unterwegs ist, im konkreten Fall auf den untersuchten Pilger- und Fernwanderwegen."[17] Folgerichtig packt Specht selbst ihren Rucksack und befragt auf zwei Fernwander- und einem Pilgerweg in Österreich, Frankreich und Großbritannien Wanderer und Pilger. Dabei bezieht sie sich auf die „Grounded Theory Methodology" und verweist auch auf frühere „Wissenschaftswanderer", wie Wilhelm Heinrich Riehl, Gottlieb Schnapper-Arndt und Landolf Scherzer.

Das Potenzial des Wanderns für den Erkenntnisgewinn analysiert auch der Band *Landschaften auf den Grund gehen. Wandern als Erkenntnismethode beim Großräumigen Landschaftsentwerfen* von Henrik Schultz: „Wanderungen bieten Experten und Laien Gelegenheiten, Landschaften wahrzunehmen, Ideen für sie zu generieren und sich darüber zu verständigen. [...] Setzt man Wandern als Methode ein, gewinnt die Perspektive des Fußgängers gegenüber der im landschaftsarchitektonischen Arbeiten vorherrschenden Planperspektive an Bedeutung. Statt eines statischen Bildes erlebt der Wanderer ein Geschehen in Bewegung, das er verändern kann."[18] Der Hinweis auf den Gewinn, der durch das Verlassen der Planperspektive eintritt, ist hier von zentraler Bedeutung. Im Rahmen seiner Untersuchung initiiert Schultz in einer Art Versuchsanordnung verschiedene Gruppenwanderungen durch von ihm ausgesuchte Gegenden. Im Anschluss wertet er aus, welche Eindrücke und Kenntnisse die Teilnehmer durch das Wandern hinzugewonnenen haben. Dabei, so sein Ergebnis, beschreiben seine „Wanderforscher" mit Skizzen und poetischen Begriffen die von ihnen in der Landschaft entdeckten Zusammenhänge. Es werden Dinge miteinander verbunden, die von ihnen zuvor nicht in Beziehung zueinander gesetzt worden sind. Im Resümee argumentiert Schultz dafür, eine Forschungsexpeditionskultur zu etablieren, die sich an die von Bernhard Lassus formulierte erfinderische Analyse anlehnen soll. Er betont, dass „Diskussionen über die Zukunft von Landschaften von einer gemeinsamen Raumerkundung zu Fuß profitieren und dass Wandern in diesem Zusammenhang eine neue Funktion als kulturelle Praxis übernehmen kann. Eine solche Kultur kann Menschen, die ohnehin gerne wandern, motivieren, sich Zeit zu nehmen, um sich auf gemeinsamen Wanderungen über die Entwicklung von Landschaften Gedanken zu machen.“[19]

Die Spaziergangswissenschaft, die in den 1980er-Jahren von dem Soziologen Lucius Burckhardt begründet wurde, nutzt das Gehen in der Stadt und in der Landschaft für den Wissensgewinn, insbesondere aber auch zur Kommunikation und zum Aufwerfen offener Fragen. Mittels der Gestaltung promenadologischer Spaziergänge werden Situationen des Mitvollzugs herbeigeführt: „Hinter den Spaziergängen in der Stadt steht die Annahme, dass wir das Alltägliche nicht mehr wahrnehmen.“[20] Es geht hier also darum, jene Dinge sichtbar zu machen, die an sich sichtbar sind, aber gemeinhin von dem Städter nicht bewusst gesehen werden. Indem nun entlang eines gemeinsamen Spaziergangs die Dinge wieder ins Bewusstsein gelangen, können diese in der unmittelbaren Situation innerhalb der Gruppe reflektiert und verhandelt werden. Spaziergangswissenschaft meint somit also nicht, zu einem Sachverhalt das bisherige Expertenwissen lediglich durch ein anderes (das eigene) zu ersetzen. Auch ist sie nicht lediglich eine spezielle (gehende) Methode, mittels derer man dann aber doch wieder zu (noch abgesicherterem) Expertenwissen gelangen würde. Statt dessen geht es viel mehr darum, die Rolle des Experten und Planers an sich zu hinterfragen und eine offene Situation des Nachdenkens und gemeinsamen Lernens zu erzeugen. „Das Spezifische an den Analysen der Spaziergangswissenschaft ist das Aufdecken von Beziehungen, sowohl zwischen Menschen als auch zwischen Symbolen, aber auch Wirtschaftsbeziehungen. Ziel der spaziergangswissenschaftlichen Analysen ist es, Einsicht in die Konstruktion der Landschaft zu gewinnen.“[21] Da aber alle Kommunikation und auch die Wahrnehmung mit Sprache zu tun hat, wir selbst auch mittels Worten denken, lautete bereits eine frühe Frage der Spaziergangswissenschaft: „Was trägt die Sprache? Wenn wir eine Landschaftsbeschreibung lesen, sei es in einem Roman, einem Magazin, einem Urlaubsprospekt oder im Schulbuch, so stellt sich jedesmal die Frage: Inwieweit transportiert die Sprache die Bilder, wie viel vermittelt sie von dem, was wir dann wirklich sehen?"[22] Zur Veranschaulichung dieser Frage inszeniert Burckhardt gemeinsam mit Studierenden und Theaterleuten die „Fahrt nach Tahiti", einen Spaziergang durch ein ehemaliges Truppenübungsgelände am Kasseler Stadtrand – und die von Georg Forster verfasste liebliche Beschreibung Tahitis passte erstaunlich gut auch auf diese nordhessische Landschaft. Dies wirft weitreichende Fragen auf. Gemeint ist dabei nicht die Frage, ob es am Rande von Kassel so ausschaut wie auf Tahiti. Es stellt sich die Frage, was wir über Landschaften nachlesen und niederschreiben, ja überhaupt wissen können.

Visitieren und Inspizieren

Je stärker die Wanderung aufgefasst wird als eine Erkenntnismethode, umso stärker erhält diese den Charakter einer „Visite", in dem Sinn wie diese durch den französischen Philosophen Michael Serres charakterisiert wurde: „Das Substantiv ‚Visite' und das Verb ‚visitieren' bedeuten zunächst ‚sehen'; hinzu kommt ein Gehen, denn wer visitiert, der geht etwas ansehen, und schließlich ist da noch ein aktives, insistierendes Moment, das prüft und untersucht, das Wohlwollen oder Autorität zeigt."[23] In diesem Verständnis kann die untersuchende Wanderung (z. B. entlang dem Denkweg) auch als eine Landschafts-Visite oder auch als Inspektionsreise bezeichnet werden. Eine solche erfolgt aus gutem Grund zu Fuß, beeinflusst doch allein schon die Art und Weise der gewählten Fortbewegungsart wesentlich, welches Bild und Wissen wir von dem durchquerten Raum bzw. einer Landschaft erhalten. Ob wir unsere Füße benutzen oder das Fahrrad, das Auto oder den Zug, jeweils erhalten wir ein anderes Bild der „Realität", auch wenn wir den identischen geografischen Raum durchqueren. Dies hängt zunächst ab von der jeweiligen Geschwindigkeit der Bewegung und der dadurch bedingten „Wahrnehmungsdichte"[24]:

Je schneller unsere Fortbewegung, umso weniger Details bemerken wir noch bewusst, umso ärmer zeigt sich die „Realität". Darüber hinaus bedingt das gewählte Verkehrsmittel aber auch die Wege, über welche der Raum überhaupt einsichtig und erfahrbar wird. So ergibt die Fahrt mit Regionalzügen ein anderes Raumerlebniss als jene mit Hochgeschwindigkeitszügen, so zeigt die Autofahrt entlang von Autobahnen andere Bilder als die Fahrt über kleine Landstraßen, so bleiben auch den Radfahrern jene Wege und Perspektiven verschlossen, die nur für Fußgänger zugänglich sind. Dies wird dann mit besonderer Ausprägung deutlich, wenn man das Land einmal in Gänze durchquert. Wenn beispielsweise der Fotograf Lee Friedländer zehn Jahre lang durch Amerika fährt und seine Aufnahmen ausschließlich aus dem Auto heraus fotografiert, so zeigt sein Band *America by Car* einerseits ein großartiges Porträt des Landes, dieses beinhaltet aber eben auch nur jene Folie der Welt, die vom Fahrersitz aus einsichtig wird. Es ist fast schon so wie im Aufzug mit dem Knopfdruck auf die gewünschte Etage: Mit der Wahl der Fortbewegungsart fällt die Entscheidung, in welcher Welt man ankommen und unterwegs sein wird. Was in den anderen, gleichzeitig ebenfalls bestehenden „Etagen" auch noch existiert, taucht in der jeweils aufgesuchten Realität nicht oder nur selten auf. Insbesondere für jene Menschen, die tagtäglich fahrend unterwegs sind – und das sind ja nicht wenige –, kann somit eine längere Fußreise viel „auf der Strecke Gebliebenes" wieder zurück in Erinnerung rufen. So vermittelt beispielsweise eine zu Fuß absolvierte Querschnitts-Visite zwischen Aachen und Zittau die überraschende Erfahrung, dass von dem Verloren-Geglaubten doch noch so einiges da ist – wir sind nur permanent in jenem Modus unterwegs, der uns das Vermisste von vornherein gar nicht mehr einsichtig werden lassen kann.

Was jemand von einer Wanderung „mit nach Hause nimmt", hängt von den Ereignisse entlang einer Fußstrecke, also auch von äußeren Zufällen ab. Hierbei ist die jeweils momentane, mentale Verfassung wie auch das mitgebrachte Vorwissen mitentscheidend, ob das, was da entlang des Weges in einigen besonderen Augenblicken dem Gehenden „zufällt", überhaupt in dessen Wahrnehmung bewusst vordringt. Somit sind Erkenntnisse, die über das Gehen gewonnen werden, nur bedingt allgemeingültig, bleiben für andere mitunter nur teilweise nachvollziehbar, da jeder Gang auch durch einmalige, nicht wiederholbare Konstellationen tangiert wird. Über das Gehen gewonnene Einsichten sind am ehesten im Mitvollzug verhandelbar – innerhalb einer Gruppe von Personen, die zur selben Zeit am selben Ort dasselbe beobachten.

Allgemein kann festgehalten werden, dass das Gehen entlang bestimmter Strecken das Eintreten von Einsichten oder Reflexionen absehbar provoziert und diese dabei auch mit einer gewissen Vorhersehbarkeit in eine bestimmte Richtung tendieren werden. Dabei erhöht eine absichtsvolle Gestaltung der Streckenführung die Wahrscheinlichkeit von Einsichten oder Erkenntnissen. Diese haben dabei oft Anteile, die nur ungenügend in Worte zu fassen oder in Bildern festzuhalten sind. Wandern eignet sich als Erkenntnismethode, wobei sich das Einsetzen von Erkenntnissen jedoch nicht im Sinne eines Naturgesetzes garantieren lässt.

Jeder Aufbruch zu einer längeren Wanderung bleibt immer auch ein erneuter Versuch mit offenem Ausgang.

Die Sache mit der Nähe zur Natur

Der Wunsch, Natur erleben zu wollen, steht bei Befragungen von Wanderern an vorderster Stelle (neben den Motiven, sich zu bewegen und etwas für die Gesundheit tun zu wollen).[25] Der Wanderforscher und Natursoziologe Rainer Brämer vertritt zudem die Auffassung, „dass wir von Natur aus ein direktes, intuitives, sinnliches Verhältnis zu unserer Umgebung haben, die, und das ist das Besondere beim Wandern, in naturnahen Szenerien die eigene Natur einbezieht, ja geradezu erweckt".[26] Es ist wohl unstrittig: Viele Menschen suchen von Zeit zu Zeit ein Naturerlebnis. Hierfür begeben sie sich in Räume, von denen sie glauben, dort der Natur näher zu kommen. Zumeist wird die Natur in der Landschaft gesucht. Doch Letztere ist bekanntlich eine Melange: einerseits aus dem realen Raum, der weitgehend durch den Menschen geprägt wurde, und andererseits aus der Wahrnehmung dieses Raumes, die ebenfalls kulturell geprägt ist. Wie also zeigt sich hier dann Nähe zur Natur? Woran kann man Naturnähe erkennen? Rainer Brämer bezieht sich auf Untersuchungen der „Landschaftspsychologie". Diese hat auf Grundlage von Fotoreihen zahlreiche Befragungen durchgeführt und kommt im Ergebnis zu der Aussage: „Je weniger künstlich-technische Elemente eine Naturlandschaft und je mehr Naturelemente eine Stadtlandschaft enthält, desto positiver fällt das allgemeine Urteil darüber aus."[27] Hilfreich scheint auch hier, zwischen Umwelt und Landschaft zu unterscheiden. Dann wäre nach der genannten Untersuchung von einer Nähe zur Natur insbesondere dann zu sprechen, wenn ein Landschaftserlebnis frei bleibt von negativen Umwelt-Zeichen. Doch wie kommt es dann, dass ein Spaziergang durch einen stillgelegten (!) Braunkohlentagebau ebenfalls das Erlebnis von Naturnähe erwecken kann,[28] wo doch dieser das Ergebnis einer flächendeckenden Umweltzerstörung schlechthin ist?

Der Wanderführer und Philosoph Gerald Fitzthum findet hier zu einer differenzierten Analyse: „Wanderungen sind immer schon und auch dann, wenn sie als Hinausgehen in die Natur verstanden werden, Unternehmungen zwischen Kultur und Natur. Sie sind es heutzutage umso mehr, weil es das gänzlich Unberührte praktisch nirgendwo mehr gibt, die Natur aber dennoch präsent bleibt: als das, was in der Kulturlandschaft seiner eigenen Dynamik folgt, was ohne Zutun des Menschen entstanden ist und entsteht – als jenes unentwegte Werden, das zwar menschlich verformt, nicht aber hergestellt werden kann."[29] Die Beobachtung dieses unentwegten Werdens, das nicht durch den Menschen hergestellt oder eingeschaltet werden kann, ist ein noch stärkeres Motiv als das Erlebnis von (vermeintlicher) Naturnähe. Bezeichnenderweise ist aber diese ungebrochene Dynamik der Natur beispielsweise in Braunkohlebrachen oder Kiesgruben besonders virulent erkennbar. Hier zeigt sich das Zeitraffer-Bild einer „Evolution zum Zuschauen" oder auch das romantisierte Bild einer Natur, die sich „ihren Raum zurückerobert".

Gerald Fitzthum beschreibt noch ein anderes Moment, das ebenfalls einem besonderen Naturerlebnis gleichkommt. Dieses setzt allerdings nicht schon eine halbe Stunde hinter dem Wanderparkplatz ein, sondern vielleicht erst nach einigen Tagen, entlang einer mehrtägigen Wanderung: „Man will raus aus dem Alltag, will sich erleben, sich eine noch unbekannte Gegend erobern, sie gleichsam in Besitz nehmen. Doch unterwegs entgleitet dieses Vorhaben, die Verhältnisse kehren sich gewissermaßen um. Statt mitgebrachte Ziele und Zwecke im Auge zu behalten und die Landschaft Schritt für Schritt für sich zu vereinnahmen, ist es der Wanderer, der von dieser vereinnahmt wird. Losgezogen mit dem Wunsch der Aneignung, wird das Gehen ein Sich-gehen-Lassen, wird zu einem Sichverlieren im anderen des durchquerten Raums. [...] Man bleibt also nicht der selbstsichere Beobachter, der zunächst dieses und dann jenes besichtigt und die Landschaft zur bloßen Kulisse werden lässt. Das Geschehen entgleitet vielmehr der verstehenden Kontrolle, die Zugriffsformen der Rationalität versagen, die Distanzierung vom Gegenstand, die im Bereden einer Sache liegt, ist nicht mehr möglich."[30] Ist man nur lange genug unterwegs, so ist die Naturnähe der durchstreiften Gegenden nicht mehr vordringlich von Bedeutung. Der Ich-bin-dann-mal-weg-Pilger Hape Kerkeling hat diesen Modus, in den man sich „hineinwandert", so beschrieben: „Ich muss nur laufen, der Rest findet sich. Je länger ich wandere, desto weniger denke ich. [...] und irgendwie vollzieht sich in mir gerade eine heilsame Wandlung."[31] Viele Wanderautoren haben es beschrieben: Durch das Gehen über mehrere Tage tritt der eigene Körper wieder stärker in das Bewusstsein, dessen Möglichkeiten und Grenzen – und nicht der freie Wille – setzen den Rahmen für das nächste Tageswerk. Mehr noch als bei routinierten Wanderern führt dieses Erfahren der Körpergrenzen bei Pilgern, die mitunter wenig vorbereitet aufbrechen, zu einem „Erinnerungs-Erlebnis": Neben allem anderen ist der Mensch eben auch ein lebendes Naturwesen. Man steht der Natur nicht nur gegenüber, sondern man trägt sie auch selbst in sich. Dies über Tage hinweg immer wieder deutlich zu spüren, bedeutet etwas anderes, als es als Stadtmensch so eben noch zu wissen. Dabei ist es so, dass gerade das Durchqueren unterschiedlichster (auch naturferner) Zonen dicht nacheinander dies Erlebnis verstärken kann und einen Kontrast erleben lässt, der seinen ganz eigenen, anregenden Reiz birgt.

Die kritische Landschaft

Damit wir auch Abraumhalden, „Agrar-Wüsten", Tagebaue und andere industriell beanspruchte Areale als Landschaften betrachten können, braucht es hierfür eine Sichtweise, die den Zwiespalt zwischen ästhetischem Erleben und der gleichzeitigen Sorge ob der Lebensgrundlage nebeneinander zulässt und austariert. Eine solche Perspektive kommt zum Ausdruck in der Begrifflichkeit „Die kritische Landschaft". Der französische Landschaftsarchitekt Bernhard Lassus hat diesen Begriff bereits 1982 eingeführt im Zusammenhang mit seiner „Strategie des minimalen Eingriffs": „Darstellen, hörbar machen, beschreiben, nahebringen: das bedeutet, andere Lesarten der Umgebung vorzuschlagen, ohne dass wir direkt in den konkreten Raum eingreifen müssten. Diese Bemühung, zu fühlen, zu begreifen, welchen Einfluss wir auf die Strukturen um uns herum und auf deren Verbindungen haben, zielt gleichwohl nicht darauf ab, jedwedes Vorhandene zu akzeptieren und diese oder jene Gestaltung zu rechtfertigen. Umgekehrt kann ein minimaler Schritt bewirken, dass die Landschaftskritik Eingang findet in das Sichtbare, und zwar durch das Sichtbare oder jene andere einfühlsame Annäherung. Folglich kann der minimale Eingriff auch zur kritischen Landschaft führen."[32]

Ein solches Verständnis hat nicht mehr viel gemein mit der Sehnsucht nach der idyllischen, heimatlichen Landschaft, einer Sehnsucht, die gestimmt war von dem Denken: „Wir sind die letzte Generation, welche die Landschaft noch in ihrem jetzigen, intakten Zustand betrachten kann." Eine solche Perspektive übersieht den transitorischen Charakter der Landschaft. Lassus fordert nicht zu Unrecht dazu auf, die Vorstellung von Landschaft von Grund auf zu ändern: „Wir müssen erfinderisch werden, weil die ursprüngliche Landschaft beschädigt ist. Es ist aber vollkommen falsch, die Natur im Sinne von Renaturierung wiederherstellen zu wollen. Das kann man nicht!" Das Verständnis der kritischen Landschaft folgt einer erweiterten Sichtweise – dem umwelt-interessierten Blick. Dieser ist gestimmt von einem anderen Denken: „Wir sind diejenige Generation, welche in der Landschaft die Gefährdungen der Umwelt erkennen, benennen und auch gegen diese vorgehen muss." Dies impliziert eine geistig aktivierende, interessierte Landschaftserfahrung – was zu einem Wandern führt, das die Aufmerksamkeit wachhält für eine offene, fragende Betrachtung: „Wie ist es?", „Wie ist heute die Situation?". So führt beispielsweise die Wanderung durch die ostdeutschen „Uran-Landschaften" zu der Beobachtung, dass auch fünfundzwanzig Jahre nach Stilllegung der Uranförderung die Sanierungsarbeiten einerseits immer noch nicht abgeschlossen sind, anderseits diese aber bereits vielfach nachgebessert werden müssen. Hier dient das Wandern also auch dem Erinnern, dass da noch „alte Lasten herumliegen", die wir aus eigenem Interesse nicht einfach sich selbst überlassen können und die wir schon gar nicht wiederholen sollten. Die Gestaltung von Wanderwegen erhält somit eine politische Komponente. Aus der Haltung der kritischen Landschaft heraus ist es dann nur folgerichtig, Wanderwege – in kunstvollen Dosierungen! – auch über Müllhalden und entlang von Tagebauen, Autobahnkreuzen und Mastanlagen zu führen.

Der Querschnitt

Der Denkweg beschreibt nicht ohne Grund einen *Querschnitt* durch das Land: Die Querschnitt-Reise ist ein Instrument, ein Hilfsmittel für das Verständnis komplexer Situationen. Der Querschnitt wurde insbesondere im Umfeld der US-amerikanischen Cultural Landscape Studies als eine Methode beschrieben. Der langjährige Chefredakteur des *Landscape Architecture Magazin* Grady Clay sieht die Besonderheit des Querschnitts darin, „dass er uns zur Konfrontation mit Veränderungen und Unterschieden zwingt, die wir sonst im Alltag gar nicht wahrnehmen würden. Seine Stärke als Erklärungsinstrument liegt darin, dass er Benachbartes und Gegensätzliches offenlegt, er verweist auf ein Nebeneinander, das unsere Aufmerksamkeit auf sich zieht und zur Analyse herausfordert."[33] Gerade auch vor dem Hintergrund der fast allgegenwärtigen elektronischen Medien erwächst dieser Methode eine besondere Funktion, denn alle Nachrichten und Berichte sind doch immer schon von Dritten ausgewählte und vorbewertete Ausschnitte der Welt. Hingegen zeigt der Querschnitt auch das Dazwischen und wir können wieder selbst entscheiden, worauf sich unser Interesse richtet. Clay hält es daher für wichtig, „die Fähigkeit der persönlichen unmittelbaren Beobachtung zu trainieren und sie als den ersten und ultimativen Zugang zum Verständnis der Welt zu begreifen".

Eine Querschnitt-Route unterscheidet sich im Grundsatz von üblichen Wanderwegen, die so weit als möglich einen Bogen machen um „zivilisatorische Barrieren", wie dies beispielsweise in den Kriterien der Premium-Wanderwege propagiert wird. Die Kunst des Querschnitts liegt daher in der gelungenen Mischung. So ist zum einen der berechtigte Wunsch nach Naturerlebnis möglichst eindrücklich zu erschließen – und pittoreske und erhabene Landschaften lassen sich ja auch immer noch finden. Doch da die „Errungenschaften des Fortschritts" nun einmal in der Welt sind, muss man sich mit diesen auseinandersetzen, zumindest in homöopathischen Dosierungen. Und die Besucherzahlen betreffender Beispiele zeigen, dass „die Leute" hieran großes Interesse haben. So besteigen den „Monte Kali" im Rahmen von Führungen jährlich etwa 4000 Besucher. Zu den Tagebauspaziergängen des Autors fanden sich zwischen 1996 und 1999 etwa 6000 Besucher ein. Die daran angelehnte „Reise zum Mars" der IBA See wurde im Zeitraum 2000–2010 von über 10.000 Menschen besucht. Es genügt also, die Neugierde der Wanderer „anzuklicken" und die „Für-Unbefugte-verboten-Tore" für die Öffentlichkeit mehr und mehr zu öffnen.

Wissen, was läuft

„Ein Nachdenken über Landschaften, über den Begriff der Landschaft, impliziert ja nicht nur, dass man versucht, die bestehenden Verhältnisse und ihre Funktionsweise etwas besser zu begreifen, sondern auch, dass man Mittel und Wege vorschlägt, damit sich die Dinge ändern."[34] Mit diesen Worten verweist der französische Geograf Yves Lacoste auf den gesellschaftspolitischen Aspekt von Landschaft: „Ein Nachdenken über die Landschaft darf nicht nur darin bestehen, dass man einige Spezialisten – und letztlich diejenigen, die die Macht haben – darüber aufklärt, wie sich ‚die Leute' die Räume vorstellen, in denen sie leben, in denen sie ihre Ferien verbringen; [...] Worauf es vielmehr ankommt, ist, dass man der großen Mehrheit der Bevölkerung hilft, den Raum – vor allem den Raum, in dem sie leben – gedanklich zu erfassen, damit sie besser in der Lage ist, klar und deutlich zu sagen, was sie will. Und dass man ihre Kritikfähigkeit fördert, damit sie lernt, das von den Medien organisierte Spektakel zu durchschauen."[35] Die Forderung nach breiter Partizipation der Bürger bei Entwicklungsprozessen wird im urbanen Kontext schon lange gehört und wird hier nun auf die Landschaft übertragen. Ganz im Sinne von Lacoste geht es bei der kritischen Landschaft darum, die Kritikfähigkeit der Landschaftsbewohner zu qualifizieren, um sie handlungsfähiger zu machen. Auch den Wanderer und Touristen erwächst eine Rolle: Auch deren

Kritikfähigkeit wirkt ein – oder könnte einwirken – auf die Realität in den Wanderregionen und Urlaubsdestinationen. So könnten sie in der Pension oder Pilgerherberge ein Frühstücksei verlangen, von freilaufenden, „glücklichen" Hühnern, die sie während der Wanderung dann auch sehen können. Oder man wünscht sich ein Glas Milch von Kühen, die auf einer nahen Weide zu beobachten wären. Dies wären echte Differenz-Erlebnisse zum Alltag in der Metropole. Ein solches Design wäre um vieles „schöner" als die schon penetrante Verblendung mit Fachwerk-Imitat, mit welcher Garagen, Buswartehäuschen und selbst Informationstafeln überzogen werden.

Die Kritikfähigkeit der Landschaftsbewohner findet sich auch als ein zentraler Aspekt in der Europäischen Landschaftskonvention – die Bundesrepublik Deutschland jedoch hat diese Konvention bis heute nicht unterzeichnet. In dieser Übereinkunft verpflichten sich die unterzeichnenden Staaten, „Verfahren für die Beteiligung der Öffentlichkeit [...] einzuführen" sowie „das Bewusstsein für den Wert von Landschaften, für ihre Rolle und für die Veränderungen, denen sie unterworfen sind, in der Gesellschaft, bei privaten Organisationen und bei Behörden zu schärfen. [...] Zur Verbesserung der Kenntnis ihrer Landschaften" sind auch „die sie verändernden Kräfte und Belastungen zu analysieren [und] Veränderungen zu beobachten".[36]

Landschaftsveränderungen lassen sich fotografisch anschaulich und einfach dokumentieren. Deutlich zeigt dies beispielsweise die „Fotografische Langzeitbeobachtung Schlieren 2005–2015" oder auch das Projekt „Documenta Natura", welches von 1987 bis 2010 Veränderungen in den Schweizer Landschaften fotografisch dokumentierte. Bei beiden Projekten erfolgten die Aufnahmen immer aus identischen Perspektiven, wodurch die Fotos direkt vergleichbar sind. In eine solche fotografische Dokumentation können aber Wanderer aktiv eingebunden werden, ist doch die Vorliebe für Landschaftsfotografie unter ihnen recht verbreitet. In Anlehnung an die von Nutzern selbst erstellte Kartengrundlage „Open Street Map" und ähnlich den beiden erwähnten Schweizer Projekten wären hierfür besondere Wege (beispielsweise der Denkweg) mit einem Internet-Foto-Archiv zu verknüpfen: Nach der Rückkehr von der Wanderung könnte dann jeder neue Fotos in eine vorgesehene Struktur einstellen. Um die Vergleichbarkeit der sich über Jahre hinweg ansammelnden Aufnahmen zu gewährleisten, sollte an ausgesuchten Stationen je eine fotostativ-ähnliche Kamerahalterung neben dem Weg dauerhaft installiert werden. So würde bei dem Bereitstellen der eigenen Fotos automatisch auch ein direkter Vergleich mit älteren Aufnahmen und vorherigen Zuständen erfolgen. Es fände also eine erneute inhaltliche Beschäftigung mit den zuvor selbst aufgesuchten Orten statt; und bekanntlich werden ja Wege vorwärts begangen, jedoch rückwärts verstanden. Über diese Interaktionen würden die einzelnen Wanderer zu einem Teil einer virtuellen Community, die gemeinsam die Veränderungen der Landschaft deutlich machen – auch für Nicht-Wanderer. Diese Dokumentation soll dabei nicht auf das Medium Fotografie beschränkt bleiben. Naheliegend wäre ein Internet-Archiv (ein Wiki), in welchem zu den besonderen Orten entlang des Weges umfangreiche Informationen und vertiefende Recherchen zu einem Kompendium zusammengetragen werden. Landschaften fotografieren, sich auf Internetseiten informieren, eigene Fotos und Informationen und Kommentare auf Blogseiten posten – all dies ist inzwischen eine weitverbreitete kulturelle Praxis in unserer Gesellschaft. Und die Menschen tun dies so häufig und ähnlich gerne wie wandern. Was also spricht dagegen, dieses Anliegen nach Artikulation und Austausch mit dem Wandern derart zu verknüpfen, dass es gesellschaftspolitisch produktiv wird. Im Ergebnis würde die hier angedeutete Landschaftsdokumentation nichts weniger bedeuten als die Durchsetzung der oben angeführten Ziele der Europäischen Landschaftskonvention – umgesetzt durch die die kritische Landschaft aufsuchenden Bürger selbst, unabhängig davon, ob die Regierung der Bundesrepublik Deutschland die Konvention jemals unterzeichnen wird.

Anmerkungen & Quellenangaben

Kapitel Einen anderen Weg gestalten

1 Bundesministerium für Wirtschaft und Technologie (Hg.): Forschungsbericht Grundlagenuntersuchung Freizeit- und Urlaubsmarkt Wandern. 2010, S. 28

2 Quack, Heinz-Dieter und andere: Studie Der deutsche Wandermarkt 2014

3 Pilgerbüro Santiago de Compostela; peregrinossantiago.es, 26.10.2015

4 Steven MacKenzie: „Dalai Lama Interview: I am a Refugee". In: The Big Issue, 05.10.2015; zitiert und übersetzt in: strassenfeger, Nr. 23, 11/2015, S. 15

5 Detlef Lienau: Sich fremd gehen. Warum Menschen pilgern. S. 27

6 Harald Welzer: Selbst denken. Eine Anleitung zum Widerstand. Frankfurt 2013, S. 280

7 Harald Welzer: „Futur Zwei. Die Wiedergewinnung der Zukunft". In: Rammler, S. / Welzer, H.: Der FUTURZWEI Zukunftsalmanach 2013, S. 14

Kapitel Gehen durch die kritische Landschaft

1 Vgl. Kühne, Olaf: Landschaftstheorie und Landschaftspraxis. Eine Einführung aus sozialkonstruktivistischer Sicht. Wiesbaden 2013, S. 30: „Die Konstruktion von Landschaft ist zwingend mit einer Raumkonstruktion verbunden"

2 Lucia Grosse-Bächle: „Landschaft als Labor". In: Krebs, S. / Seifert, M.: Landschaft quer Denken. Leipzig 2010, S. 53

3 Siehe hierzu: http://sounds-from-dangerous-places.org

4 Lehmann, Herbert: „Die Physiognomie der Landschaft". 1973 [1950]. In: Pfaffen, K. (Hg.): Das Wesen der Landschaft. Darmstadt, S. 48. Zitiert in: Kühne, Olaf: Landschaftstheorie u. Landschaftspraxis. Einführung aus sozialkonstruktivistischer Sicht. Wiesbaden 2013, S. 33

5 Vgl.: Ritter, M. / Schmitz, M. (Hg.): Lucius Burckhardt: Warum ist Landschaft schön? Die Spaziergangswissenschaft. Berlin 2006, S. 33

6 Im Sinne einer angekündigten Veranstaltung, die aber nicht stattfindet

7 Kant: Kritik der Urtheilskraft, § 28, AKA V, 261

8 Beck, Ulrich: Risikogesellschaft. Auf dem Weg in eine andere Moderne. Frankfurt am Main 1986, S. 29: „Risiken [...] bleiben im Kern meist unsichtbar, basieren auf kausalen Interpretationen, stellen sich also erst und nur im (wissenschaftlichen bzw. antiwissenschaftlichen) Wissen um sie her, können im Wissen verändert, verkleinert oder vergrößert, dramatisiert oder verharmlost werden und sind insofern im besonderen Maße offen für soziale Definitionsprozesse. Damit werden Medien und Positionen der Risikodefinition zu gesellschaftlich-politischen Schlüsselstellungen."

9 Gerhard Lenz: Verlusterfahrung Landschaft. Frankfurt am Main 1999, S. 8

10 Gerhard Lenz; ebenda

11 Vgl. hierzu: B. Weisshaar: „Die transitorische Landschaft“. In *Garten+Landschaft*, Nr. 8, 1993, S. 7. Und: Burckhardt: „Landschaft ist transitorisch“. In: *Topos*, Nr. 6, 1994, S. 38–44
12 M. Scharfe: Vorwort. In: Unterweger, Wolf-Dietmar: Die Bauern; Band 1: Zukunft braucht Vergangenheit. Stuttgart 2014, S. 13
13 Schmidt-Glintzer, Helwig (Hg.): Erhart Kästner, Man reist, um die Welt bewohnbar zu finden. Lebensbilder und Bewunderungen. Frankfurt am Main 2004
14 Badura, Jens: „Erkenntnis“. In: Künstlerische Forschung. Ein Handbuch. Zürich-Berlin 2015, S. 47
15 Badura; ebenda S. 47
16 Badura; ebenda S. 47
17 Specht, Judith: Fernwandern und Pilgern in Europa. Über die Renaissance der Reise zu Fuß. München 2009, S. 49
18 Henrik Schultz: Landschaften auf den Grund gehen. Wandern als Erkenntnismethode beim Großräumigen Landschaftsentwerfen. Berlin 2014, S. 287
19 Schultz; ebenda, S. 288
20 Ritter, M. / Schmitz, M. (Hg.): Lucius Burckhardt: Warum ist Landschaft schön? Die Spaziergangswissenschaft, Berlin 2006, S. 323
21 Hannah Stippl: Der promenadologische Spaziergang“. In: Weisshaar, B.: Spaziergangswissenschaft in Praxis. Formate in Fortbewegung. Berlin 2013, S. 90
22 Burckhardt; ebenda S. 321 u. 322
23 Michel Serres: Die fünf Sinne. Eine Philosophie der Gemenge und Gemische. Frankfurt am Main 1998, S. 412
24 Bezogen auf eine bestimmte, gleiche Distanz. Nimmt man einen gleichen Zeitraum als Bezugspunkt, kommt man vermutlich zu einer ähnlichen Wahrnehmungsdichte, die sich dann aber auf wesentlich unterschiedliche Distanzen beziehen. Vgl. Burckhardt
25 Bundesministerium für Wirtschaft und Technologie: Forschungsbericht Grundlagenuntersuchung Freizeit- und Urlaubsmarkt Wandern. 2011, S. 34
26 Rainer Brämer in einem E-Mail-Austausch mit dem Autor; 08.12.2015
27 Rainer Brämer: Wandern neu entdeckt. Ein Wanderführer für Wanderführer. Schönstadt 1996, S. 43
28 Dies kann der Autor aus jahrelanger, vielfacher Beobachtung bestätigen.
29 Gerhard Fitzthum: „Konturen einer Philosophie des Wanderns“. In: Fitzthum, G.: Auf dem Weg zur Wiederentdeckung der Natur. Zug 2014
30 Fitzthum; ebenda
31 Hape Kerkeling: Ich bin dann mal weg. München 2006, S. 73
32 Koenecke, A./ Weilacher, U./ Wolschke-Bulmahn, J.: Die Kunst, Landschaft neu zu erfinden: Werk und Wirken von Bernard Lassus. München 2010, S. 215 + S. 125
33 Grady Clay: „Mit Vesalius, Geddes und Jackson Amerika durchqueren: Der Querschnitt als Lerninstrument“. In: B. Franzen u. S. Krebs: *Landschaftstheorie*. Köln 2005, S. 179
34 Yves Lacoste: Geographie des politischen Handelns. Perspektiven einer neuen Geopolitik. Berlin 1990, S. 88
35 Lacoste; ebenda
36 European Landscape Convention; verabschiedet am 20.10.2000; deutsche Fassung hier: http://www.civilscape.eu/civilscape/public/downloads/coe-176/elc_german.pdf